青年の大成

青年は是《かく》の如《ごと》く

安岡正篤
Yasuoka Masahiro

致知出版社

まえがき

いま、二十一世紀に踏み込んで、時代は急速な変革の中にあり、混沌の様相を深めています。この混沌の霧を払ってどのように秩序づけられた世界が出現するのかは見定め難いものがあります。

そのときにあって思うのは、この状況を真正面から引き受け、変革を担っていく青年たちの若々しい力であります。若い力こそが未来を切り開く根源なのです。それだけに青年たちの内面的充実が求められてなりません。そこにこそ日本の二十一世紀はかかっているといえましょう。

昭和三十八年七月、日光の田母沢《たもざわ》会館で開かれた全国青年研修大会において、安岡正篤先生は四日間にわたり、諄々《じゅんじゅん》たる講義をなさいました。その採録をまとめ、翌昭和三十九年二月、「青年は是の如《かくごと》く」と題して全国師友協会から刊行されたのが本書の初出であります。その後、昭和四十六年八月に『青年の大成』と改題して刊行され、版を重ねてきております。

読み返してみて改めて思うのは、時代を担う人物に求められるものは、いつ、いかなるときにも不変であり、不動であり、そしてそれは常に新鮮であるということです。

本書の中で安岡先生が力を込めて訴え、求めているものは、青年たちの人間としての内面的充実に尽きる、ということができましょう。それも抽象論や観念論ではなく、さまざまな人物像を豊富に引用しての具体的な論説であるだけに、胸に響き、心にしみてくるものがあります。それだけに本書は必ずや若い人びとの志の道標となるでありましょう。いま、ここに、本書が装いも新たに刊行される意義もそこにあると確信します。

若い人たちにぜひ読んでほしい。心からそう願わずにはいられません。

また、本書は安岡教学の神髄が平易に説かれており、入門書としての趣《おもむき》も備えています。それだけに若い人たちを超えてさらに幅広く学ばれることが望まれます。

それによって若い人びとに灯《とも》る志の一燈、それと共鳴する幅広い層の一燈、それらが寄り集まって万燈となり、日本の未来を明るく照らしだすことを願い、かつ確信して止みません。

平成十四年五月

関西師友協会会長
住友生命保険名誉会長　新井正明

目次

装丁――川上成夫

立　志

孔子は十有五にして学に志し、三十にして立つ、と言った。ひとり哲学者・宗教家のみならず、人間としての霊感的業績や進境は二十代半ばから三十くらいまでが生新である。それから先は要するに研究であって、この大事な時期をうかうか過ごしてはならない。

（安岡正篤『照心語録』）

青年の大成

序

青年は人生の春であり、家族や民族の希望の係《か》かるところであることは言うまでもありません。社会の成人階級が疲労・頽《たい》廃《はい》するほどに青年に対する期待が高まります。

然《しか》るに、率直に申しますと、近来とくに成人層、それも指導者的立場に在る人々の中に、ともすれば青少年に迎合《げいごう》したり、煽《おだ》てたりする風が見受けられます。

一は、青少年に対する年長者としての一種の感傷的気分もありましょう。

一は、これからという未来を持つ若者に対する期待もありましょう。

然しそればかりではなく、純真なだけに感じ易《やす》く、また、ともすれば熱情的な行動性を持つものである青少年に、気に入られようとする卑屈・軽薄な打算・追従《ついしょう》や、これをうまく利用しようとする狡猾《こうかつ》な策謀などのあることも、決して否定できません。青少年が、こんな甘い言葉に乗せられたり、よい気持ちになったりしては善《よ》くありません。

現代の人間と自己疎外

およそ現代は、諸君もときどき新聞や雑誌を見ても気づかれることと思いますが、いわゆる人間疎外・自己疎外の時代です。*alienate、*estrange、*shelve、というような流行語の訳が流行《はや》り出したのですが、つまり人間をお留守にする、自分自身を棚上げすることです。

とかく外へばかり心を馳《は》せて、内を忘れてしまう。外物ばか

---

alienate エイリァネイト＝疎外する。

estrange エストランジェ＝疎遠にする。

shelve シェルブ＝棚上げする。

り取り上げて、自分というものを省《かえり》みない。人間をお留守にして、欲望の対象ばかり取り上げることです。

その結果、わけの分からぬことになってしまって、始末がつかぬ。こういう時、ひとたび失われた自己、人間そのものに立ち返れば、はっきりすることが多い。

日常の生活にしても、いろいろの刺激に駆り立てられていると疲れる。それからいろいろの矛盾や悩みが限りなく生ずる。それを落ち着いて内省すると、実にたわいないことが多い。

第一、多忙ということです。

現実は実に忙しい。忙という字がよく意味を表わしている。亡という字は音《オン》であるが、単なる音だけではなく、同時に意味を含んでおる。亡くなる、亡《ほろ》ぶということで、人間は忙しいと、その忙しいことに自己を取られてしまう。即《すなわ》ち自分を亡くしてしまって、どうしても、ぬかりが多くなる。粗忽《そこつ》(軽はずみ)が多くなる。間違いをしでかす。

まことに適切な字の出来です。どうも忙しい、忙しすぎると、確かにうっかりして、粗忽になり、失敗しがちで、あとは落ち着いて考えると、馬鹿々々しくなるものです。

現代文明、都市文明、市民生活というものは、外物の刺激が多すぎ、強すぎて、とかく自己を疎外し、人間味が失われ、いろいろ錯誤《さくご》や悩みが限りなく発生しています。

生活の享楽《きょうらく》手段も、大した発達です。かつてなかった娯楽産業・サービス産業などが、昔の人のとても想像も出来ぬほどに増えてきています。

自然そのものに即した農業とか林業とか、漁業とかの第一次産業、そういう自然材料にもとづいて、これにいろいろの知識・技術を加えて行う製造工業・化学工業等の第二次産業から、今日は俄然《がぜん》として、そういうものによる人間の欲望・享楽の満足に役立たせるサービス産業・娯楽産業等の、いわゆる第三次産業の盛行が大したもので、ちょっと諸君が町へ出ればわかる通り、映画・テレビ・音楽・演劇・競輪・競馬・飲食・舞踊等々の商売、旅行・観光のためのサービス産業の賑《にぎ》わいは全く大したものです。

もし人間が、朝起きてすぐに、沢山《たくさん》の新聞・雑誌とか、ラジオ・テレビとか、スポーツ・株式・映画・音楽・ダンス、何だかだと、そういうものに気をとられたら、生活はどうなるか。人間とか、自分というものは、どこかへ亡くなってしまうでしょう。それこそ、人間疎外・自己疎外というものです。正に一億総白痴化であります。

学問・教育の反省

学問でもそうです。

自分の内省、自己の修練を捨てて、いたずらに知識や技術に走ったならば、すなわち自己疎外的教育・学問に身を任せておったら、だんだん人間はつまらなくなり、頭は悪くなります。

これは現代学生の、謙虚に注意・警戒を要する点です。あんまり短期間に、学科が多すぎる。書物や雑誌が出すぎる。それを明けても暮れても、雑然と読んでいたら、頭はだめになります。

生理もその通り。この頃の飲食物の豊富さは大したものです。どこそ然し、この菓子は美味《うま》そうだ、この果物も魅力がある。どこそこの料理はうまい、西洋料理・支那料理・インド料理・朝鮮料理、どれもこれも食べたいと、起きてから寝るまで、始終飲んだり食ったりしていれば、人間の体はどうなるか。

必ず発病します。

あまり雑食・多食・暴飲暴食するということは、生理的には自殺行為で、どうしても節飲節食、時には絶食することが、われわれの健康を増進させるのに大事なことなのです。

そもそも、本当に美味しく食べようと思えば、美味しいものを探すのが本当か。あるいは、腹を減らすのが本当か。大切な問題であります。


知識・学問も然りで、本当にわれわれが、頭脳や人格を良くするためには、いろいろの知識を取得するのが本当か。知識欲を旺盛《おうせい》にするのが本筋か。もっと徹底して言えば、知識を愛する情緒《じょうちょ》・品性を養うことが大切かということであります。

雑食と同じで、雑学をやり、そして雑駁《ざっぱく》な勉強をすると、せっかくの人間の知能・頭脳から、進んで心情まで破壊してしまう。雑飲雑食・暴飲暴食をやると、胃酸過多になり、胃潰瘍《かいよう》になるのにつれて言うなれば、あまり雑学雑書にわたると、脳酸過多になり、脳潰瘍になるわけです。

「我、汝《なんじ》らほど書を読まず。かるが故に、汝らほど愚ならず」

というエジプトの古諺《こげん》があります。日本の川柳にも、

「先生と言わるるほどの馬鹿でなし」

と申します。それも自己疎外の一つの適例です。

現代の知識人とか、文化人とかいう者に、そういう者が多い。われわれはまず純真に、自分自身を省みることから始めねばなりません。

我は何か

先だって私は奈良に参り、＊大三輪《おおみわ》（神社）への街道を車で通りながら、ふと念頭に浮かんだことがあります。
＊楠正成《くすのきまさしげ》がまだ若かりし日の伝説ですが、ある日正成が奈良街道を歩いておりました。
余談ですが、この歩くということが、実に意義のある善いこ

大三輪
奈良県桜井市にあり。大神神社ともいう。最古の神社。

楠正成＝楠木正成（一二九四〜一三三六）。南北朝時代の南朝側の武将。後醍醐天皇の建武政権樹立に貢献。足利尊氏の東上に際し湊川の戦で戦死。

とです。歩くと自然にものを考える。今日の街道は車をとばすので、おちおち歩けません。これは非常に残念なことです。

さて、正成が歩いておった時、一人の坊さんと道連れになりました。しばらくしてその坊さんが、

「時に貴方はどなたですか？」

と尋ねました。

「楠正成と申します」

「左様か」

しばらくしまして、「楠正成！」と呼んだ。

「はい」

と答えると、

「それは何か」

と聞かれた。

正成は、ぐっと詰まった。これは非常に好い話です。

こんなことが、事実あったのかどうか分からぬが、これに似

たような道話《どうわ》はちょいちょいあります。

第一、誰もみな名前を持っておるが、その名の真義を知っているものは案外少ない。ひどいのになると、自分の名前の意味をてんで知らない。

先だっても、笑えぬ笑話がありました。

それは、〇〇精一という人のことです。その人が、この夏は勉強したいと思うが、どうしたらよいか、何か良い方法を聞かせてくれ。読んでいい本があったら、それも教えてもらいたいということでした。

それは結構。しかしその書物は、君自身もう持っておるじゃないか。

と申しましたら、妙な顔をするので、君は精一というじゃないか。良い名前だ。名前そのものに、大した意味がある。君はまず、その名の通り修行することだ。

どうするんです？　それじゃ話にならぬ。

それは名高い書経*の大禹謨《だいうぼ》に、

「人心惟《こ》れ危く、道心惟れ微なり、惟れ精惟れ一、允《まこと》に厥《そ》の中《ちゅう》を執《と》れ」

という言葉がある。その「惟精惟一」から採ったのが、精一ではないか。

「精」は純化することで、「一」は雑駁《ざっぱく》・分散しておるものを統一することだ。例を言えば、君のいろいろな知識、これを雑識にしないで、練り上げ、一貫したものにする。これが精一だ。

品性を練る。それでも、素行と一致せぬこともあり得る。世間の俗談に、臍《へそ》から上を人格、臍から下を品行と称す、などというが、本当は人格が良くなれば、品行も良くならねばならない。なる筈《はず》である。それでこそ、精一である。

なかには確かに立派な人物で、品行が悪いものもおる。これは精一でなくて、精二、精三である。

と言ったら、当人、頭を掻《か》いて失笑した。それは余談として、

書経 五経の一つ。中国古代の尭舜から夏・商（殷）・周の君主のことばを記録したもので、儒教の理想を述べている。

青少年は、やはり先《ま》ず、自分自身を造ることに、主眼を置かねばなりません。

幼稚ということの誤解

さて従来、とかく世人も学者も児童・少年というものについて非常な考え違いをしていました。——と言われてみると、自分の少年時代はどうだったかなと考えねばいけない。他人事のようでは駄目です。すなわち疎外です。

どう間違っておったかというと、人間は、少年時代・幼年時代ほど、いわゆる幼稚である。幼稚とは、無内容である、つまり動物に近い、と決め込んでいたのです。

ところが、幼少年というものは、決して無内容じゃない。むしろ驚くべき豊富な内容を持ったものなのです。

大人の目から見たら、無内容・未熟に見える。しかし、それは大人が、理知や経験からする判断で、本当は幼稚でも、非常に豊富な内容・潜在的能力・感受性を、豊かに持ったものなのです。

それを最近になって、学問・研究がだんだん解明するようになってきました。

これまでは、幼少年の頃に何か異常な能力を示す者があると、その少年を天才とか神童《しんどう》とか言って、特異な存在のように考えましたが、だんだん学問が進歩してくると、そういう天才とか、神童とかいうものは、決して特異なものではなくて、教養宜《よろ》しきを得れば、ある程度みな、似たりよったりのものになることが明らかになりました。

生まれつきある種の障害を持って生まれたような不幸不運なものは別として、正常に生まれ、正常に育った人間なら、幼少のときから指導宜《よろ》しきを得れば、それ相応にみな立派なものになる。決して、天才とか神童とかいうものと、かけ離れたものではない。
むしろ、天才とか神童とかいうものは、尋常の幼少年が持っている一部分の性能を、どうかして特異に発達させたものに過ぎない。普通の児童であったら、培養《ばいよう》宜しきを得れば、大抵のものが、相当の能力を発揮することが出来るものです。それを、子供というものは幼稚なもの、幼稚なものは無内容なもの、人間の未開動物的段階と、錯覚・誤解したために、随分もったいない無駄をしてきたわけです。

天才は凡才

試みに、少年・*頼山陽《らいさんよう》の詩をあげます。これは山陽、年十三。寛政五年（一七九三）癸丑（みずのと・うし）の年、「偶作」

頼山陽（一七八〇～一八三二）幕末の儒学者。詩人で高名な書家。若い頃は遊びくずれていたが、後に学者や多くの文人と交り『日本外史』を著した。幕末の志士たちの皇国史観に大きな影響を与えた。

という題で、江戸に居た父・春水《しゅんすい》におくった自作詩です。

十有三春秋。逝者已如水。

天地無始終。人生有生死。

安得類古人。千載列青史。

十有三の春秋　逝《ゆ》く者は已《すで》に水の如《ごと》し。

天地、始終なし　人生、生死あり。

いずくんぞ古人に類《るい》するを得て　千載青史《せんざいせいし》に列せん。

これは、明治時代の人々は大抵知っているものです。これは、十三歳くらいの少年の書けるものではない。よっぽどの天才児だと皆思う。そうではないのです。

これくらいのことは、十三歳にならなくても、感ずることです。指導宜しきを得れば、これをちゃんと自覚して、何かの形で表現するものです。漢詩を教われば、漢詩で表現することが

千載
載は歳（年）と同じ。千年の意。

青史
青史は歴史と同じ。昔、竹を火であぶって竹の油を抜き、記録に用いたので、青という。

できる。俳句を教われば、俳句で出すことができる。和歌で教われば、和歌で詠ずることができるものです。これは山陽の十三の時の作ですが、*山田方谷《やまだほうこく》も十四歳にして（幕末・文政元年）、七言《ごん》律詩を作っています。

山田方谷という人は、名前は球《きゅう》、通称・安五郎、備中の松山（今は高梁市《たかはし》）*板倉藩の出で、非常に偉い人です。政治家としても、思想家・教育家としても、傑出した人でした。

のちに板倉藩の家老となって、貧乏板倉と評判があったほど窮した藩を大改革して治績をあげ、旅人が板倉藩の領内に一歩入ると、すぐに分かったというくらい、藩政から民心・風俗を一新したという大した人物です。この方谷・山田安五郎、十四歳で、次のような詩を作っております。

父兮生我母育我。　*父や我を生み、母や我を育つ。
天兮覆吾地載吾。　天や吾を覆い、地や吾を載《の》す。

山田方谷（一八〇五〜七七）幕末・明治初期の儒学者。佐藤一斎の門弟として陽明学を学び、佐久間象山らと交友す。新見藩（岡山県）の藩校有終館学頭、松山藩（岡山県）の家老などを務めた。

板倉藩＝**松山藩**（**岡山県**）。

父や我を生み 詩経・蓼莪《りくが》篇に「父兮生我」とある。『東洋倫理概論』には、「生」は「おほし」（生《お》ふの他動詞、生長させるの意）と「そだて」と二つのルビが打たれている。

身為男児宜自思。
茶茶寧與草木枯。
慷慨難成済世業。
蹉跎不奈隙駒駆。
幽愁倚柱独呻吟。
知我者言我念深。
流水不停人易老。
鬱鬱無縁啓胸襟。
生育覆載真罔極。
不識何時報此心。

身・男児たり、宜《よろ》しく自ら思うべし。
*茶茶《でつでつ》、なんぞ草木とともに枯れんや。
*慷慨《こうがい》、成しがたし、済世《さいせい》の業。
*蹉跎《さた》いかんともなせじ *隙駒《げきく》の駆けるを。
*幽愁《ゆうしゅう》、柱によりて独り呻吟《しんぎん》す。
我を知る者は言う、我が念深しと。
流水停まらず、人老い易し。
*鬱鬱《うつうつ》縁《よ》って胸襟《きょうきん》を啓《ひら》くなし。
生育《せいいく》 *覆載《ふうさい》、真に極まりなし。
識《し》らず、何の時か此の心に報いん。

今の人なら、何とませた少年かと思うでしょうが、当時ならなんでもないことです。

*橋本左内《はしもとさない》は、*吉田松陰と並んで称された幕末の志士ですが、やはり十五歳の時に『啓発録』という本を書いております。そ

茶茶　疲れた様子。または、ぼんやりの意。
慷慨　心が昂《たか》ぶりなげくこと。
蹉蛇　志を得ず、思うにまかせないこと。
隙駒　奔馬が隙間《すきま》からチラッと見えるほどの速さで駆けるの意。月日や時間の経つのが速いこと。
幽愁　深い憂いや思いに沈むこと。
鬱鬱　気がふさがるさま。
覆載　天地のこと。『中庸』に「天の覆う所、地の載する

の中に、五項目挙げてあります。

第一に、「稚心《ちしん》を去れ」(去稚心)。子供っぽい、甘ったれた気持ちを去れ。

第二に、「気を振《ふる》え」(振気)。元気を出せ。

第三に、「志を立てよ」(立志)。

第四に、「学を勉《つと》めよ」(勉学)。

第五に、「交友を択《えら》ぶ」(択交友)。

この五項目を挙げて、最後にこういうことを言っています。

「余《われ》、厳父に教えを受け、常に書史に渡《わた》り候ところ、性質粗直にして」

直《ちょく》にも、いろいろあります。よく気をつけた直、すなわち謹直もあり、まだあまり修業の加わらない、注意の足らぬ直、すなわち粗直もあります。

所」とある。

橋本左内

(一八三四〜五九)

幕末の志士(福井藩)。緒方洪庵らに蘭学・医学を学び、洋学振興、藩政革新に努める。安政の大獄で斬死。名著『啓発録』を残す。

吉田松陰

(一八三〇〜五九)

幕末の思想家。長州(山口)藩士。ペリー来航時に海外密航を志して失敗、入獄。萩で松下村塾を開き、高杉晋作、久坂玄瑞《げんずい》ら攘夷運動指導者や、とくに明治の元勲・伊藤博文など多数を教育。安政の大獄で刑死。

「性質粗直にして柔慢なる故」

柔慢は、しゃんとしない、バックボーンを持たない、好い気になっていること。

「遂に、進学の期なきように存じ、毎夜臥衾《がきん》中にて涕泗《ていし》にむせび、云々」

お父さんから、いろいろ経書や史書を教えられたが、どうも性質がよく伸びず、ぐうたらで、これではとうてい、学問も進歩するあてもないように考えられて、毎晩、寝床の中で泣いた——。


ここです。何も十三、十四歳で詩を作ったから偉いというのではない。それも悪いことではないが、この年でそういう教えを受け、勉強をして、どうも俺は人間が駄目で、とてもこれじゃ偉くなれそうもない。学問が進歩しそうもないと考えて、毎晩寝床の中で、布団を引っかぶって泣いたという、これが大事なところです。この情緒、この感動を、持たねばならないのです。

臥衾 ふとん（衾）に臥《ふ》せる。
涕泗 なみだ。泣くときに目から出るのが涕、鼻から出るのが泗。

この精神が有るか無いかで、人間が決まるのです。この情緒(「じょうしょ」「じょうちょ」どちらでも宜しい)を、年とともに、何になっても変わらず、それ相応に持ちつづける人が、本当に偉いのです。

至醇の情緒ということ

明治時代の政治家、とにかく世界の奇跡と言われるほどに、日本を発展・勃興《ぼっこう》させた明治時代の政治家と、今日の議会などを通じて見る政治家と、どこに相違があるか。

第一の相違は、この情緒・精神の問題です。

至醇《しじゅん》(この上なく純粋なこと)な熱烈な情緒・精神というものを、今どきの政治家は持ち合わさない。持っている人がまことに少ない。これが沢山出てくれれば、世の中は問題ないのです。必ず良くなるのです。

橋本左内・十五歳の時の彼の感想から思いついて申しますと、たとえば明治時代の政治家・大臣などは、ひとたび天下国家のことになると、よく泣いた。今は、天下国家のために泣く、人民のために泣くなどという政治家は少なくなりました。

日露《にちろ》戦争の頃、*桂首相《かつらしゅしょう》の秘書官であった*中島久万吉《なかじまくまきち》翁の話に、当時なにしろ皆興奮して、何かというと激論が多かった際に、桂さんや*小村《こむら》さんが、抱き合って泣いている光景をよく見かけることがあった。

いま、国事を憂《うれ》えて抱き合って泣く政治家が居ましょうか。

築地《つきじ》の料亭・瓢家《ひさごや》の女将《おかみ》の話、これも日露戦争に関係してのことですが、その当時、一の急務は軍費の調達で、外国の借《しゃっ》款《かん》に成功しなければならない。誰かアメリカかイギリスへ行って、急遽《きゅうきょ》、借款をまとめて来なければならない。それで白羽《しらは》の矢を立てられたのが、*高橋是清《たかはしこれきよ》さんでありました。

幸いに彼《か》の地で成功して帰ってこられたのですが、この高橋

桂首相（一八四七～一九一三）＝桂太郎台湾総督・陸相を経て明治末年西園寺公望と交代で三度組閣。

中島久万吉（一八七三～一九六〇）明治～昭和期の実業家・政治家。横浜護謨、古河電工社長などを歴任。師友会初代会長。

さんが、その白羽の矢を立てられて、桂さんたちから説得せられたのが、築地の瓢家においでであリました。

ここの女将がなかなかの女傑でありまして、この女将が老病で重態になったということを聞いて、高橋さんが瓢簞《ひょうたん》をさげて見舞いに行った。瓢家だから瓢簞を持って行ったのですが、「実は、見舞いに瓢簞というのは、おかしいようだが、これは大いに意味がある。それは、わしが、もう一世一代の心血をそそいで、苦労したのが日露戦争のときの借款だ。ロンドンでこれをまとめて、やれやれと重荷を下ろした気持ちで、ふと街を散歩したところが、骨董屋《こっとうや》があった。そこに日本の瓢簞がかかっていた。

なつかしく思って記念に買ってきた、というのは、わしが任命されたのは、この瓢家であったから。そこで思い出して、おまえの土産に買って来たのだが、それっきり忘れとった。今、おまえが悪いと聞いて、思い立って、記念にこれを持って来た」

小村寿太郎

(一八五五〜一九一一)

外交官。明治二六年清国に赴任し、日清の開戦外交をリードし、日露戦争の終結に際しては、全権としてポーツマス講和条約に調印するなど活躍した。

高橋是清

(一八五四〜一九三六)

江戸生まれの官僚・銀行家・大蔵大臣。明治三二年日銀副総裁となり日露戦争の外債募集に成功。蔵相、首相などを歴任。昭和十一年の二・二六事件で暗殺された。

こう言って、その瓢箪を与えました。すると病床の老女将、むくむくと寝床から起き上がって、

「ああ、思い出しました。その時私はまだ若いお酌《しゃく》の時代で、何だか分からなかったけれども、ある晩、総理大臣をはじめ偉い方々が、奥の部屋にお集まりになって、用事があったら手を叩くから、その時は酒を持って来い、と言われて、お手がなると恐る恐る銚子を運んだものです。

そこへ貴方《あなた》がお出《い》でになって、何だか非常に真剣な、私たちでさえハラハラするような空気で、長い時間秘密のお話がありました。やっとまたお手がなったので、お銚子を持って行ったところ、皆さんが貴方に、よく引き受けてくれたと、泣いてお礼を言っておられた。何も分からなかったが、自分もその光景に非常に感動しました。

今、貴方のお話を伺って、そのときの光景をまざまざと思い出します。しかし、その時分に比べて近頃の政治家たちは、あ

りゃ一体何ですか。こんな政治で日本の国はもつのでしょうか。私しゃ気がかりで仕方ない」

と、重態の老女将、大の憤慨《ふんがい》です。高橋さんは、びっくりして、

「そう怒るな、身体に障《さわ》るぞ。まあまあ、そんなことは俺に任せておけ」

と言って、やっと寝かして帰って来たということです。こういう国家とか、民族とか、世の中のためということに、純潔・熱烈な感情・気概が、市井《しせい》の人々にも豊かにあったのが明治の好《よ》いところです。

近来、教育のある人々は、一般に人間の大事な機能をもっぱら知性・知能として考え、頭が良いということを一番の誇りに考えてきました。そして、情緒とか気概というようなものを割合に軽視しました。

ところが、最近やっと心ある学者たちも、むしろ人間に大事

なものは情緒である、ということを証明するようになってきました。

頭が良いということより、情緒が良いということが大事である。むしろ、すぐれた情緒の持ち主であってこそ、本当に頭も良い、ということを説くようになりました。これは最近の学会の趨勢《すうせい》の顕著《けんちょ》な一例です。

頭が良いということ

学校でも今までは一般に、頭が良いということを賞《ほ》めたものです。ところが、頭が良いということは決して第一義ではない。そもそも頭が良いとはどういうことか。

その意味する内容が非常に変わってきた。今まで一般に考えられてきた頭というものは、機械的な理解や記憶の能力で、頭のハシクレには相違ないが、本質的な働きではない。真に頭が良いということは、直感にすぐれなくてはならない。智慧《ちえ》というものでなくてはならない。knowledge（知識）ではなくて、wisdom（智慧）である。

wisdomというものは、情緒と結びついているもので、情緒が発達しなくては、智慧や偉大な行動力は生じないのです。やっぱり国を思って泣く、己を忘れ相擁《あいよう》して泣く、という純情な感激性があって、真の国策も成功もあるのです。そういう情緒の無い、好い加減な人間どもが集まったところで、良い智慧は出てこない。悪知恵しか出ない。

子供の養育についてもそうですが、母親が子供の言葉を良く理解する。子供の意欲を良く察知する。それは母親の愛情からです。愛情があるから直覚するのです。父親の方は、母親の愛とは違って我がある。そこで子供の片言《かたこと》は、父親によく分からぬ。ここにデリケートな相違があります。少年・幼年というものは、大人から幼稚・無内容に見えるけれども、かく本質的に見てくると、尊い内容を豊かに持っている。

そもそも我々の肉体の細胞は、＊新陳代謝《しんちんたいしゃ》する。四年ないし七年で身体の細胞は一新する。しかし、脳細胞だけは変わらない。生まれ落ちると、すでに一生に必要なる脳細胞を具備《ぐび》していて、その脳のいろいろな機能が完全に発達するまでには年を要するけれども、すでに三歳にしてその細胞の八十%は、機能を開始する。そしてその細胞は変わらない。だから「三つ子の魂、百まで」ということは、科学的に真実です。故に、脳を侵されたら回復がむつかしい。

脳の重量は、少年の時は体重に比して高率です。大体六%。大人は体重の二%強です。それから全血液の四十%が少年時代の脳にそそがれます。大人になると二十%、半分です。だから、子供の素質・能力というものは自然が非常に大切にしておるわけです。

新陳代謝　古くなったものが、新しいものに代わること。

そこでなるべく幼少年のときから教育し、訓練すれば、持って生まれている純真・豊富な能力は非常な力で発育するものです。知能のようなものにしても、技能のようなものにしても、少年時代ほど、あるいは幼年時代ほどよく習得します。大人ではできない能力を発揮するものです。もっと徹底していうならば、幼児よりもポテンシャル、可能的状態である胎児がもっと神秘的なものであります。胎児をもっとも良く育てるということ、これがもっとも根本的に大切なことであります。

胎児の研究は、西洋近代の学問では軽視されていました。むしろ東洋のほうが、胎教《＊たいきょう》と言って早くから重要視していました。胎教などというと、西洋式医者とか心理学者たちは、全く非合理的・迷信的なもののように思っておりました。

これもごく最近になって、胎教の研究が、いろいろの方面から発達して参りまして、生物進化の系統からいうと、胎児というものが最も根本的な重要問題だと、分かってきました。

胎教
妊娠中の女性が精神の安定のために良書、良画、音楽などに接し胎児にいい影響を与えようとすること。

胎児の研究のことを neoteny ネオテニーといいます。しかしまだこれは未開で、おそらく今後、科学的にすこぶる未来性に富んだ面白い問題の一つとして注目されております。胎児が大事であるということは、母の、したがって妻の思想・精神・人格・生活態度・慣習というものが、いかに大切であるかということになります。

そこで最近は女性の研究がだんだん面目を新たにするようになってきました。大体、今までの婦人論者の婦人に関する迎合《げいごう》的意見などがとんでもない誤謬《ごびゅう》であることが、色々明らかになってきました。在来、封建的として排斥《はいせき》されてきたことがそうではなくて、正しい真理を含んでいるということも、いろいろ証明されるようになってきています。

そこでいわゆる進歩的文化人というものが、却《かえ》って退歩的非文化人であるということも、多々証明されてきました。さすがに学問研究の進歩は厳粛なものがあります。

そこで次に、人間の幼少時代の能力とその培養に関して検討を試みましょう。これはわれわれ自身のためにも、人のためにも、子孫のためにも、非常に大事な問題です。そして、考えてみるとわれわれは如何《いか》に少年時代を空費したか、あるいは誤ったかということがわかります。そうすると、せめてこれから先、できるだけ努力しようということも、はっきりすることです。

成長ということ

子供は幼稚である。なにも内容がない、と錯覚したことは、大人の不明であって、子供は豊富な内容・能力を持っている一つの無限的なもの、*宝蔵《ほうぞう》なのであります。成長するということは、一面において成長に違いがないが、一面において、それこそ、まことに惜しい限定である。またたとえば少年時代には夢

宝蔵 宝物または経典を蔵《しま》う蔵《くら》のこと。

がある。夢が大きいということは、無限性を持っておることだ。言い換えれば何にでもなれる可能性を持っておることだから、本人は何にでも成りたがる。

立派な政治家を見れば、自分も大きくなったら、ああいう大臣になろうと思うし、堂々たる将軍を見たら、自分も一つあんな将軍になろうと思う。勝《すぐ》れた演技の俳優、芝居に感激すると、名優になろうと思うだろう。最近では、野球の選手になりたがるのが沢山いる。娘は美空ひばりとか、某々などになりたがる。これは子供の通有《つうゆう》心理で、子供は感激すると何にでもなりたがる、なろうとする。何にもなれる素質を持っている。ところが大きくなると、学校に入《はい》る。

学生時代はまだ無限的なものを幾らか留《とど》めておるが、それでもぼつぼつ限定されてくる。法学部、文学部、医学部と、いろいろ限定されてくる。今度《こんど》は卒業すると、悲しむべき有限的なるものになる。実業界へ行く、官界へ行く、教育界へ行く、農業だ、工業だ、そういう方面に限られる。もっと徹底して言うならば、何省、何局、何課、何係、何という。これはちょっと淋《さび》しいことだ。宇宙と一体である人間が、そういう限定を受けない、無限的なものになる必要がある。

それは浮世の仕事をも活《い》かせる。これを学問といい、修養というのである。子供は本当に無限的なものを持っている。宗教的、藝術的、音楽的、あらゆる性質・性能を含んでいる。このすべてを実現することができなくて、現実はその一部を実現し得るに止まる。あとはその肥料になる。だから、少年時代・幼年時代というものは、非常に大切にしなければならない。

人間の本質と属性

大体、人間内容には、本質的要素と属性と二つある。つまり、本質と属性とに分けることができる。

我々の才智・芸能というものは、もともと属性である。どんなに立派であっても、どんなに有効であっても、要するに付属的性質のもので、決して本質ということができない。

本質というものは、これあるによって人間であり、これが無ければ人間ではないというものです。これに付け加えられるものが、属性です。才知・芸能は有るに越したことはないが、無いからとて、人間であることに別段、致命的関係はない。多少、才が乏しくても、芸が拙《つたな》くても、頭が悪くても、人間であることに差し支えはない。

人間たることにおいて、何が最も大切であるか。これを無くしたら人間ではなくなる、というものは何か。これはやっぱり徳だ、徳性だ。徳性さえあれば、才智・芸能はいらない。否、いらないのじゃない、徳性があれば、それらしき才智・芸能は必ず出来る。

かつて私は夏になると、御殿場で暮らしたことがあります。そこの須走《すばしり》という所に浅間《せんげん》神社*がありまして、この神社の掃除番をしておった、一人の少年がありました。

これは精薄児で、その親は、富士山麓《ろく》の痩《や》せ土を耕す貧乏な百姓でした。少年が馬鹿で役に立たないから、親たちはいつも、馬鹿が！　馬鹿が！と、こづき回すので、少年は悲しく、泣いてばかりいました。

泣きながら畑仕事をしていると、この富士山麓の森林は、最も植物も動物も、種類が豊富なところで、いろいろな小鳥が啼《な》いている。少年は元来、無心ですから、そのうちにだんだんつり込まれて、鳥と一体になる。そこで何時《いつ》の間にか、鳥の鳴き声を覚え、鴉《からす》だの、駒鳥だの、山鳩だの、いろいろ鳴き分けるようになった。それがいつとなく近辺の人々に知られるようになって、滞在客が退屈ばらしに少年を呼んで、小鳥の声を出させる。

浅間神社
静岡県富士宮市にあり。駿河一宮といわれる。主神は木花開耶姫《このはなさくや》。富士信仰の中心。

彼が鳴くと、また小鳥も集まってくる。それで面白がって、なにがしか金をやる。どうやら少年は、収入があるようになりました。そうすると好い気なもので、家人も彼を自慢するようになりました。私はこの少年と知り合いになって、よく遊びに来るようになりました。

私は、どこか共通性でもあるのか、少年時代からよく愚物《ぐぶつ》や狂から好かれました。天というものは、有難いもの、面白いもので、馬鹿であるが故に、この少年もここに至れたわけです。寄席などに行ってみると、ものまねの名人がおる、猫とか、犬とか、鶏とかを、いろいろ真似る。けれども聞いておって、やがて不愉快になります。〝自然〟でないからです。

現代文明の〝自然〟疎外

現代文明の一つの危険は、この〝自然〟を犠牲《ぎせい》にして、技巧に走ったということ、その禍《わざわい》を今も深刻に受けております。自己疎外・人間疎外も、つまりそれです。

技巧の「技」という字は、手扁《へん》に支で、「支」は文派――岐《わか》れるという字であり、本流に対して支流・分派・派生・末梢化・分裂・衝突になります。つまり、「技」は「偽」に通じます。人が為す、それが、真実を、自然を、誠を、失うと「いつわり」になります。

ここに極端な、それだけに面白い一例話をあげましょう。

かつてアメリカのペンシルヴァニア（州、東部）に、一人の紳士がおりました。神経衰弱がひどくなって、自殺しました。その遺書を検死の役人が見ましたら、死ぬ理由が書いてありました。

それによると、本人は後妻をもらった、彼には父があり、後妻には一人の娘があったので、老父と自分の後妻親子との間がうまく行くかどうか心配したのだが、非常にうまく納まって、老父がこの娘を後妻に直すようなことになった。それから、分からなくなったのです。

何となれば、わが娘はわが父の妻であるから、我が母である。わが父はわが娘の夫であるから、我が子である。そうすると、わが妻は、わが娘という母の母なるが故に、わが祖母であり、我は、わが父という子の子であるが故に、わが孫である。

わが娘はわが母にして、わが父はわが子なり、わが妻はわが祖母にして、我はわが孫なり。——何が何だか分からなくなって、とうとう死んだというのですが、実際にあったことだけに、ますます面白い。知識だの、理論だの、というのは、往々こういうふうになるのです。

これも実際にあったことですが、大正末期、社会思想というものがやかましくなりました時、帝大《(東京大学)》の機関誌に、無政府主義者*クロポトキンの論文の翻訳がでました。

それによると、*コロンブスが新大陸を発見した以上の、大なる発見とも言うべきことがある。それは、従来の人間が知らなかった「社会」というものを、国家のほかに発見されたことである。

今まで人々は、国家あるを知って、社会あるを知らなかった。国家というものは、三つの要素からできている。一に領土、二に人民、三に主権者。

ところが、社会というものは、特定の主権者というような者の、権力支配関係ではない。土地と人民との自由な組織である。国家と社会との違うところは、権力服従関係の有無《うむ》であって、その点から言って、国家というものは、人民にとって手枷《てかせ》・足枷のごときものである。この手枷・足枷を打破し、国家を打倒して、真の自由な社会にせねばならん、というのです。

これは、一無政府主義者の論文ですが、こういう影響が強く、近代の国家思想・社会思想のなかにあります。国家といえば、

クロポトキン（**Pyotr Alekseevich Kropotkin**　一八四二〜一九二一）ロシアの革命家・地理学者。軍隊や内務省の勤務などを経て革命運動に専念。無政府主義を唱えて国家を批判した。著書に『近代科学とアナーキズム』がある。

コロンブス（**Christophorus Columbus**　一四五一〜一五〇六）イタリアの探検家。新大陸の発見者。スペイン女王の援助を得て大西洋をインドに向かって出帆した。「コロンブスの卵」は初めに事を起こすことの難しさを表したことば。

権力支配であるから、これから人民を解放して、自由な社会を作るのだ、これが馬鹿の一つ覚えみたいになっております。この観念を振り回す、このイデオロギー*の囚人《しゅうじん》がたくさんおります。日本にとくに多い。これはどこに間違いがあるか。

わが娘は、わが父の妻なるが故に、わが母である——この論理的帰納《きのう》がいけないわけです。つまり、実在と抽象的概念との混同です。A＝C、B＝C、∴A＝B なら、成り立ちます。抽象的論理です。しかし、これを軽々に具体的応用に持ち込めば、とんでもない誤りに陥ります。思想・学問は往々これに陥《おちい》るのです。

国家というものは、非常に複雑な自然社会・本然《ほんぜん》社会(本来の)であって、人間が勝手に拵《こしら》えたものではない。いろいろの因縁で、人々が相集まり、生活を共同にし、その間に、思想だの、感情だの、利害だの、いろいろの関係が成立して、それが長い年月を経て次第々々に、複雑な内容をもって発達してきたものが国家だ。

イデオロギー(ideology)
政治や社会についての社会集団全体の思想・主張で、その集団の在り方を規制しているもの。

だから、国家の中には、共同生活、共通利害、共通感情、共通理念、歴史的因縁、いろいろの内容があります。それを簡単な三要素などに割り切るなどは、無限なるものを、とんでもなく限定することで、とんでもない誤見です。

人間とは何ぞや、人間とは五臓《ごぞう》六腑《ろっぷ》の集合である。そういうように簡単に片付けられたら、人間の値打ちはありません。

子供は幼稚であるという錯覚も、同様に実は大問題で、軽々しく限定することのできない無限的なもの、可能的なもの、潜在的なもの、を豊かに備えておるのです。

人間と徳性

子供の徳性の最も本質的・根源的なものは第一に、暗い・明るいということ。人間が光を愛する。これは宇宙開闢《かいびゃく》・天地創造とともに生じたものです。

われわれは先ず、光明を愛します。

明るいと同時に、清いということ、さやかということ。朗らかであること、清く赤き心、さやけき心。これは古神道の根本原理で、人間の子供も、これを根本徳とします。だから子供は、常に明るく育てねばならない。明るい心を持たせ、清潔を愛するようにしなければいけない。

それから、素直《すなお》ということ、真っ直《す》ぐということ、すなわち「直《なお》き心」。仏法でも*直心《じきしん》という。直心が人間を作る道場です。

そして忍耐。忍耐をなぜ必要とするか。

天地は悠久である。造化は無限である。したがって、人間も久しくなければいけない。物を成してゆかねばならない。それは仁であり、忠であり、愛であるが、それを達成してゆくものは、忍である。

愛といえばまた、敬が大切である。愛は、人間に至って特に

直心 正しく直き心。『維摩《ゆいま》経菩《ぼ》薩品《さつぼん》』に「直心是れ道場、虚仮《こけ》無きが故なり」とある。虚仮は真実でないこと＝不実。

敬を生じ、恥を知るようになった。そこから宗教も道徳も発達した。そういう徳は、諸徳のなかでもっとも根本的・本質的なもので、これらを子供のうちから、豊かに養って置かねばいけません。

子供は二～三歳の頃からすでに敏感なもので、五～六歳頃になると、こういう徳を含む、性格というものが出来ます。

そうして考えますると、世の中の親というもの、あるいは子供を取り巻く人々は、この徳を無残に害《そこな》うということがよく分かります。何も知らない幼児に、お化けが出るなどと嚇《おどか》したり、手足を不潔にして顧みなかったり、犬や猫と同じように餌《えさ》で釣ったり、故《ゆえ》なく犬や猫を叩いて子供をあやしたり、すべて良くないことであります。

こういう育ち方をした子供が、大きくなると不潔になったり、残酷を敢《あ》えてしたり、収賄したり、およそ不徳を意に介しなくなるのです。

肉体的・病理的にもそうです。

大体、大人になって医者がもてあます、薬が効かないというような病気は、ほぼ二〜三歳のときから、あるいは胎児のときから五〜六歳くらいまで、学校に入るくらいまでの間に、植え付けられた病原より発するものであります。その代表的な例が、喘息《ぜんそく》とか糖尿などです。

近頃の学問は発達して、本当の真理の恐ろしいことがよく分かります。徹底して言うなら、胎児のときに大体が決まるといってもよいくらいです。

だから母親というものは大切です。そういう意味では、男はいくらか責任が軽い。子供を生まないからです。いかなる英雄・豪傑といえども、子供を生むことは出来ない。いかなる愚婦といえども、子供を生む。これは偉いことだ。正に*釈迦《しゃか》も*達磨《だるま》も出る。*如来《にょらい》の「如」という字が、女扁《へん》であることも尤《もっと》もです。

ただ、青年女子を良い母たらしめるには、青年が良い夫であ

釈迦

(前四六六〜前三八六)

釈迦牟尼《むに》の略称。仏教の本源。三十五歳で苦集滅道の真理を悟り、入滅する八十歳まで教化をつづけた。

り、良い父であることを必須とすることは言うまでもありません。

この徳性というものが発育するにつれて、これから出るところの枝葉である知識とか、技能というものは、どんどん伸びます。知性や技能の基本的なものも、したがって幼少のうちに根を下ろさなければいけません。

知識・技能というものは、大人になってからでは、なかなか本物になりません。肉体的な力もそうですが、鍛錬《たんれん》・陶冶《とうや》するにしたがって発達はするけれども、根本的にはやはり若いときほど生命力が、とくに六〜七歳から十三〜四歳、せいぜい十六〜七歳くらいまでの間が、一番旺盛であります。

眼力というものも、十歳くらいが一番強い。

記憶力も、十〜十二・三歳が一番旺盛で、それを過ぎると衰えてくる。

注意力も、十歳前後が盛んです。

達磨（生没年未詳）
南インドのバラモン（第一階級）生まれ。三国時代、梁の武帝の時、中国に渡り、嵩山の少林寺で九年間面壁坐禅を行った。禅宗の始祖。『悟道論』などを著わす。

如来
如来とは仏法（真如）の世界から来た法体で、仏法の最高に在る。仏十体の一つ。大本は大悟した釈迦。

それから、想像力・連想力、こういうものも十歳前後が旺盛です。

子供は、容易に物事に熱中します。そうして大人から言うと、奇想天外のようなことを、子供はよく言ったり考えたりします。とんでもないことをよく記憶します。白紙に字を書くように、記憶のページに印するのです。

もし記憶が悪ければ、それは注意力が足りないのです。注意させなかったのであります。子供を本当に導いて、あるものに注意をさせたら、子供はよく覚えます。その意味において、子供時代ほど叩き込まねばならない。

ところがなんぼ叩き込んでも、鍛錬・陶冶《とうや》しても、子供の生命力は旺盛ですから、大人のように疲れない。疲れてもすぐ回復する。だから難しい技芸なども、子供のときに仕込んでおかないと駄目であります。甘やかして育てられた甘えっ児《こ》、というのは話になりません。

ところが長い間、教師も父兄も誤って、子供は内容のないもの、子は弱いもの・幼稚なものと考えて、これを甘やかし、放任することが善いことである、また子供らしさとか、無邪気とかいうことを浅薄に考えて、自由主義教育などの美名の下に、子供を放りっぱなしにしがちでありました。

明治時代はまだそれほどでなかったが、大正以来、第一次大戦以後、そういう風潮が盛んになって、日本の少年をすっかり駄々《だだ》っ児にしてしまった。甘えっ児にしてしまった。戦後それが特に甚《はなは》だしくなりました。

植物でも、動物でも、人間でも、同じことですが、鍛錬・陶冶しないで立派に成長することは、絶対にない。甘やかしたら、すべて駄目です。

植木を栽培しても、ふらふら延びるままに蔓《つる》を延ばしておいたら、皆駄目です。

咲くがままに花を咲かせ、なるがままに実らせたら、駄目です。適当な時期において、剪定《せんてい》し、枝葉を払う。だから植木屋は、しじゅう鋏《はさみ》をチョキチョキやっておるのです。

そうして花でも実でも間引かぬと、すなわち果断・果決がないと良木にならぬ、美果を結ばぬ。良い花を着けない。従って、躾《しつけ》・習慣というものが大事なのです。

この徳性というものと、良い躾、すなわち良習慣というものが相まって一切の才智・芸能をも発達させるのです。こういう厳粛な根本条件を如何に閑却し、誤解してきたか、これを青少年みずから良く正覚《しょうかく》しなければなりません。

この徳性をはたらかす大事な潤滑油とも、体液とも言うべきものが、すなわち美しい情緒であります。情緒が、理性や良習を得て、情操というものになります。経済や政治のような功利的なものでも、美しい心情や良い慣習によってどれほど良く改まるか、測《はか》り知れない効果のある問題です。

何が本当の福祉か

人間の徳性・心情を棚に上げて、功利的見地から果たしてまことの福祉を実現せられるでしょうか。

近代国家の福祉政策というものにも大きな疑問があります。簡単な好意から社会福祉を謳歌《おうか》して、幼児の保育のはじめから親の手から離し、国家社会の施設で育て、親の手数も金もかからぬようにし、病気も失業も養老も何もかも社会政策でかたづけてゆく、そのために人民は税金を払えばよいということが果たして真理に合うものでしょうか。

それは確かに困っておる人々に少なからぬ利便を与えることには相違ないが、これが世人の観念になり、風習になることは、人間を次第に非人間化し、機械化することを免《まぬが》れません。現にスウェーデンでも、イギリスでもが、すべて福祉政策国家、最近の情勢は、その福祉主義に次第に大いなる疑惑を生じ、物論を生じております。

そういう各国とも青少年の風紀は乱れ犯罪は悪質になり、自殺者の率は次第に高まり、民族が全体的にだらしなくなるという傾向を明らかにしております。人間を物質や機械にしてしまえば、簡単ですが、個性のある霊的な人間を取扱うには、もっと慎重な用意が必要です。

病気や貧困や弊害の応急対策も大切であるが、もっと根本的に人間そのものを改造し、世の中に生気を振い興す根本的な福祉を考えねばなりません。とくに青年の場合において、このことは大切であります。

青年において消極的・利己的・享楽的気分や放縦《ほうじゅう》な習慣ほど悪いものはありません。かの橋本左内の『啓発録』でいうならば「振気」、気を振う、青年の全エネルギーを奮《ふる》い起こすことが大事です。それにはどういうことを考えねばならないか。

青年と理想像

青年は意気地のないことや、だらしのない身持ちを恥じて、熱烈な理想を持つこと、世に周知のクラーク*先生の名言を引用すれば、青年よ、大志を持て Boys, be ambitious!《（ボーイズ・ビー・アンビシャス）》です。

それは決してとてつもない計画を立てろというようなことではありません。こんなだらしのないことでどうするか！　俺はもっと立派な人間になるんだという憤発心を起こすことです。太陽の光に浴さなければ物が育たないのと同じことで、人間の理想精神というものは、心の太陽です。理想に向かって情熱を沸かすということは、日に向かう、太陽を仰ぐということです。これがないと人間のあらゆる徳が、したがって才智芸能も発達

クラーク（Willam Smith Clark　一八二六～八六）アメリカの科学者・教育家・軍人。一八七六年開拓使の招きで来日。札幌農学校教頭を務め農学、植物学、英語を教授し内村鑑三や新渡戸稲造らを育てた。

しません。

その大事な条件は、われわれの心の中に日常生活に真剣な理想像を持つということです。もっと具体的に言うならば、「偉大な人物に私淑《ししゅく》する」ということ。

近代の教育家なら大抵かならず一度はその門を叩く大家に、*ウィリアム・ジェイムズという人があります。いわゆる*プラグマティズムの開祖といわれる人であり、アメリカの思想・学問、とくに教育学上に不朽《ふきゅう》の足跡を印しておる人です。日本にもずいぶん影響のあった人で、*西田幾多郎《にしだきたろう》教授などにも影響しておりますが、このウィリアム・ジェイムズが、

「人間は青年時代に（いくつになっても同じだが）心のなかにはっきりした、正しい理想像、すなわち私淑する人物を持って、この理想像に向かって絶えず努力する、そこに到達するように努力するということが青年の運命を決する問題だ」

と言っております。

ウィリアム・ジェイムズ（William James　一八四二〜一九一〇）アメリカの哲学者・心理学者。独自の実用主義を説き、西田幾多郎などにも影響を与えた。

プラグマティズム（pragmatism）実践を重んじる実用主義。

実は何もジェイムスを引用する要はありません。古来、識者がひとしく言っておることです。人間はできるだけ早いうちに、できるだけ若いあいだに、自分の心に理想の情熱を喚起するような人物を持たない、理想像を持たない、私淑する人物を持たないのと持つのとでは大きな違いです。

なるべく若い時期にこの理想精神の洗礼を受け、心の情熱を燃やしたことは、たとえ途中いかなる悲運に際会しても、いかなる困難に出会っても、かならず偉大な救いの力となる。若いときにそういう経験を持たなかった者は、いつまでたっても日陰の草のようなもので、本当の意味において自己を伸ばすということができない。ことに不遇のときに、失意のときに、失敗のときにこの功徳《くどく》が大きいものです。

いろいろと基本的な知識や技能もなるべく子供のあいだに与えておかなければならないが、それよりもっともっと根本的な問題が、なるべく少年時代にこの理想精神を喚起する。偉大な

西田幾多郎（一八七〇～一九四五）
哲学者。京大教授。禅の宗教性を取り入れ、西洋哲学の思弁性に対し、東洋思想、とくに禅の直観や洞察をもとにして、「純粋経験」を基礎とした哲学を提唱した。世界的な哲学者。「絶対無」の哲学を提唱。著書に『善の研究』などがある。

人物に向かって感激の情熱を燃やさせる、この勝因に逢《あ》わせることです。この力は大きい。「勝因に逢う」ということは地蔵*菩薩《ぼさつ》の功徳の一つといわれます。

私は先日、久しぶりに、大阪と奈良のあいだの脊梁《せきりょう》山脈の中にある、有名な生駒《いこま》山上に一宿しました。そこに宝山寺という名高い真言のお寺があります。徳川前期にこの宝山寺を開いた「湛海《たんかい》*」という和尚《おしょう》、これは哲人であるとともに、なかなか芸術家でありました。とくに彫刻に長《た》け、この人のいろいろの仏像が祀《まつ》られてあります。その中に不動明王《ふどうみょうおう》*があります。

湛海和尚は不動明王に祈念をこらした。この人はたいへん美男子だったそうで、したがって女に好かれて困った。大体、大丈夫は女に好かれるようではいけない。これは普通の人間の考えと反対ですが、大いに意味があります。

そもそも大丈夫はそれくらいの気概《きがい》がなければならない。男と生まれて、金をほしがったり、名誉をほしがったり、地位を

地蔵菩薩
釈迦の入滅後、弥勒《みろく》仏が出生するまでの間、無仏の世界に住して六道の衆生を教化、救済するという菩薩。

湛海
(一六二九〜一七一六)
江戸時代の僧侶(真言宗)。仏師。修験道を修行し、不動明王を深く信仰した。宝山寺を建立。

不動明王
仏典では最初大日如来の使者として登場するが、やがて大日如来が教化しがたい衆生を救うために忿怒《ふんぬ》の姿を仮に現したものとする。

ほしがったり、女をほしがったりするようでは、逆にいうと、そんなものにとりつかれるようでは、まだ器量《きりょう》が小さい。金や位《くらい》で男になるようなのは、まだ本当の男ではない。そんなものはみな人にまかせて露堂々《ろ》と世に立てることこそ真の大丈夫です。好い加減な女に追いかけられるようではだめだと確かにいえることとです。女も同じ。つまらぬ男に好かれるようなことではだめ。

湛海和尚は不動明王を祈念して、「一刀三礼」、すなわち刀を振うごとに三礼をこめて、不動明王を刻んだ。不動明王は大日《*だいにち》如来《にょらい》の一化身《けしん》、使徒で、大日如来、すなわち毘盧遮那《*ビルシャナ》仏、日本神道でいえば天照大神《*あまてらすおおみかみ》です。日の仏です。だから大日如来という。

この大日如来の精神・教令を奉行《ぶぎょう》するために、これをさまたげる悪魔を降伏《ごうぶく》する、憤怒《ふんぬ》の形相《ぎょうそう》、私憤でない公憤・道憤の形相をとって現われたものが不動明王であります。もろもろの

大日如来
真言密教の教主。宇宙の実相を体現する根本仏。

毘盧遮那仏
華厳経などで中心となる仏。真言宗では大日如来と同じとされる。

天照大神
記紀神話の女神。伊邪那岐《いざなぎ》命《みこと》の子。皇室の祖神。

悪魔を脚下に踏み据えて、あの猛々《たけだけ》しい相を現じております。不動明王経というお経があります。実に痛快なもので、惰気《だき》を一掃することができます。

和尚はかくて年月たつほどに、生身がそのままに不動明王のような威厳を具現するようになった。湛海和尚が姿を正して人に臨まれると、接する者が猛火に焼かれるような衝撃を受けた。あるとき宮中に参内《さんだい》されたら、かねて懸想《けそう》しておった女官がひそかに恋文を渡そうとして近寄ったが、猛火に焼かれるように感じて、進めなかったという話も伝わっております。さもあろうと思われます。人間は慈悲柔和《じひにゅうわ》の権化《ごんげ》にもなるし、そういう大威力を体現することもできます。これを人間の念力《ねんりき》といいます。

徳川後期に片倉鶴陵《かくりょう》*という医学者、名医があります。この東洋医学、漢方医学の根本経典の一つに『傷寒論《しょうかんろん》』というものがあります。これは非常にむづかしい本であるのみならず後

片倉鶴陵
（一七五一〜一八二二）江戸後期の医師。産科の手腕にすぐれていた。

漢の張仲景《*ちょうちゅうけい》という哲人の著したものと伝えられております。古来、支那では太公望《*たいこうぼう》の作とか、文王《*ぶんおう》の作とか、理想の人間を著者に仕立てる癖があります。『傷寒論』も張仲景の著といわれますが、とにかく非常に古い、難解の、またいろいろ誤脱などの多いもので、鶴陵はこれに没頭して、かずかずの疑問の解決がつかず、百計尽きて、この上は張仲景先生直《じ》き直きについて教えを受けるよりほかに手はない、というところまで突きつめてしまいました。

ある夜、疲れはててうとうとしておると、夢ともなく、現《うつつ》ともなく、一人の非常に気《け》高い老人が現われて、自分は張仲景である、お前の真剣な勉強に感じて、疑義を解いてあげる。これはこうだ、それはこうだと諄々《じゅんじゅん》として教えられた。ふっと気がついたら、すでに消えて跡かたもなかった。然しそれによって多年の疑問が解けた。彼は元来、唯物《ゆいぶつ》的思想を抱いていたが、これによって初めて大覚したと自ら記しています。人間の念力

張仲景
（生没年不明）
中国・後漢の医師。『傷寒論雑病』十六巻を著したとされ、今日に伝わる『傷寒論』『金遺要略』の原本とされる。

太公望
（生没年不明）
＝呂尚。中国・周代の政治家。周公らと武王を助け、殷を滅ぼし周王朝をたてた。その功により斉侯に封じられ、大国斉の基礎をつくった。

文王
（生没年不明）
中国・周の王。仁政をしき、

の偉大な一例です。

東洋にはそういう事例は多い。しかし西洋にもよくあることです。それも宗教家というならば、まだしも、科学者によくあるのです。科学者も真剣に研究に没頭したときは、霊的体験が少なくない。

原子物理学の先駆者で有名なケクレ*。この人がある物質の原子構造について苦心研究しておったとき、ある日疲れてロンドンの二階電車の中で、ゆらゆら揺られながら、まどろんでおったら、目の前で原子がいろいろの格好で結ばれて踊っておるのを見た。そして眼が醒《さ》めて、非常にインスピレーションを感じて、研究室へ帰り、そのヒントから研究をつづけ、これが構造説のそもそもの端緒《たんしょ》になったということであります。

軽々しく迷信を信じる者は愚者ですが、何でも軽々しく迷信にしてしまう者はさらに愚者であるということに誤りはありません。人間は歳《とし》をとってからでもいい、大器晩成《たいきばんせい》、結構です。


徳望高く、太公望をはじめ天下の賢者を招いた。儒家の理想とする聖天子。

ケクレ
(Friedrich August Kekule von Stradonitz 一八二九～九六)
ドイツの化学者。ベルギーのガン大学の化学教授となり、現代の有機化学理論の基礎をつくり、貴族に列せられる。

私もこれからますます勉強しようと思っておりますが、できるならばなるべく早い間に、こういう念力を働かし、情熱を燃やして、大成したいものです。

巨巌の顔

私は私なりに、少年時代から深く心に印した愛読書を通じて、いろいろの精神的体験を持ちましたが、ここに一つアメリカの有名な少年読み物を紹介します。少年の読み物とはいえ、今もなお私自身感動を覚えるものであります。

それは、実はアメリカがその歴史のなかに持っている一人の天才的文人・ホーソーン*の名高い短編、The Great Stone Face『巨巌の顔』の物語の要旨であります。

私はこの話を多感な中学生の頃に読んで、非常に感動しまし

ホーソーン（Nathaniel Hawthorne 一八〇四～六四）アメリカの作家。清教主義的で、「緋文字」を著わして、厳しい罪の意識を探るなど、人心の微妙な働きをよく観察した。

た。それは遂に生涯、私の心を去らず、その後二十数年も経って、私がアメリカに遊びましたとき、わざわざボストンから彼の住んだコンコードに廻《まわ》って、その家を訪れたほどであります。

この物語の私に与えた影響は、恐らく幾ら老いても消えないことでありましょう。

これは前置き。これからが本文で、本文の枝葉末節を去り、大事なところを訳出しました。——

＊

それはアメリカのある山村での話であります。一群の聳《そび》え立っている山々に抱かれて、幾千かの住民を容《い》れるほど広々とした谷間の部落がありました。この住民の明け暮れ親しんでいる一つの大きな岩が山腹にそそり立っていました。

その岩は適当に離れた所から見ると、人間の顔にそっくり似ていました。それも途方《とほう》もない巨人のように見えました。高さが百フィート（約三十メートル）ほどある広い弓形の額《ひたい》があり、長い鼻筋の通った、また仮《かり》に口をきくことが出来たなら、谷間の端から端まで、雷鳴のような言葉を轟《とどろ》かしただろうと思われる巨大な唇もありました。見る人が接近しすぎると、その巨大な顔の輪郭がわからなくなって、ただ雑然と崩壊して、上から上へと積み重なった沢山の重い巨大な巨石しか認めることが出来ませんでした。

けれども来た道をまた戻るとその不思議な目鼻が再び見られるのでした。そして遠ざかれば遠ざかるほど、その目鼻は本来の神々《こうごう》しさをそのまま具《そな》えた人間の顔に似て見えました。果《は》ては、あたりを雲や美しい霞《かすみ》に包まれて、はるか彼方に遠ざかると、「巨巌の顔」は本当に生きているような気がするのでありました。

ある日の夕方、一人の母親とその幼い息子とが、彼らの百姓家の戸口に腰をおろして、「巨巌の顔」を眺めながら話していました。その子供の名前はアーネスト Earnest と云《い》います。

彼の母は、彼女がこの小さなアーネストよりも幼かった頃、彼女自身の母が彼女にしてくれた話を、彼に聞かせてやりました。その話は、いつか将来この近辺に子供が生まれ、その子供は彼の時代のもっとも偉大で高貴な人物になる運命を担《にな》っており、その子供の顔は、大人になると「巨厳の顔」にまったくよく似てくるだろう、というのでありました。予言されている偉人はまだ現われてはいませんでした。

アーネストは、彼の母が彼に聞かせた話を決して忘れませんでした。彼がいつ「巨厳の顔」を眺めても、その話はいつも彼の心を離れませんでした。彼は幼年時代を彼が生まれた丸太小屋で過ごしました。そして母親には孝行をつくし、いろいろのことで彼女に役立ちました。

一日の骨折り仕事が終わったとき、彼は何時間もじっとそれを眺めているのでした。すると終《しま》いにはその巨顔が彼を認め、崇敬《すうけい》している彼の眼つきに感応して、彼に親切な激励の微笑を与えてくれるように思いはじめました。われわれはこの想像が無意味であると軽率に判断してはなりません。

その頃、大昔から予言されていた「巨巌の顔」に似ている偉人がついに現われたという噂が谷間に広まって行きました。これより何年か前に、一人の若者がこの谷間から出て行って、遠方の港町に住みついたらしいのです。そしてそこで小金を貯めてから、彼は店の経営者となって商売を始めたのでした。その名前はギャザゴールド Gathergold（金の掻《か》き集め）でありました。

ギャザゴールド氏が自分の富を計算するだけでも百年もかかりそうな大金持ちになってしまったとき、彼は自分の生まれた谷間のことを思い出し、そこに帰って、彼が生まれた所で生涯を終わりたいと決心しました。そして彼が住むのにふさわしいような大邸宅を建てさせようとして立派な建築技師を派遣しました。

人々は彼の父親の風雨に曝《さら》された農舎のあとに、あたかも魔術で建てられたかのごとく聳えている華麗な大邸宅を見たとき、巨巌の顔の主の噂は必ず事実に違いないと皆進んで信じました。

やがて大邸宅は完成されました。それからギャザゴールド氏の先駆者として一隊の黒人と白人の召使いが来て、ギャザゴールド氏は威風堂々《いふうどうどう》、日没頃に到着することになりました。アーネストは、偉大な人物、高貴な人物、予言の人物が、何十年もかかってついに自分の生まれた谷間の人々の目のあたりに見られることとなったと考えて、いたく心を動かされました。

いよいよ偉大なギャザゴールド氏が来ました。四頭立ての馬車のなかに、窓から顔の一部を出して、小柄な老人の顔が見えました。人々は熱烈に叫び声をあげ、非常な誠意をこめて大声に語りました。

「彼こそ『巨巌の顔』の像そのものだ」

しかしアーネストは、**悲しそうに眼をそむけて、巨巌を見上**

げました。

するとそこには、濃くなってゆく霧のなかに、彼の心に深い感銘を与えているあの壮大な目鼻が、沈みかかっている日光を浴びて、黄金色に染められているのを、まだはっきりと見ることができました。その姿は彼を元気づけました。優しい唇はなんというように思われたでしょうか。

「彼は来るだろう。心配するな、アーネストよ、その人物は来るだろう」——と巨巌は語るようでした。

歳月は過ぎ去っていきました。そしてアーネストは少年ではなくなりました。彼は成長してもう若者となっていました。彼は谷間の外の居住者の注意をあまり惹《ひ》きませんでした。何故ならば、一日の骨折り仕事が終わると、彼は今でもなお一人きりで行って「巨巌の顔」を凝視し、黙想に耽《ふけ》ることを除いては、彼の生活の仕方に何も注目すべきことを谷間の居住者たちは見ませんでした。

この時までに気の毒にもギャザゴールド氏は亡くなっていました。谷間の人々は、彼の存命中にすでに彼を尊敬しなくなりました。そして彼の死後は、なおさら人々は彼のことを何も言わないで、彼をすっかり忘れ果ててしまいました。

するとたまたま、この谷間に生まれたある人が、何年も前に兵として応募し幾多の苦戦を経て、今や名高い指揮官となっていたのが帰って来ることになりました。谷間の居住者たちは礼砲と公式饗宴《きょうえん》を以て名高い軍人を歓迎しようと決めました。そして今度こそはとうとう「巨巌の顔」の似顔が本当に現われたのだと断言されたので、いよいよ熱心に歓迎されることになりました。

盛大な祝賀の日、アーネストは谷間の他の人々とともに仕事をやめて、森の饗宴が準備されている場所にやって行きました。非常な盛会で、元来アーネストは、出しゃばりの性格ではなかったので、まったく後方に押しやられました。

「将軍だ！　将軍だ！」という叫び声が聞こえました。「しっ、静かにせよ、老ブラッド・アンド・サンダー将軍が演説するところだ」。そして彼は今や、会衆に祝辞を述べようとして起ちあがりました。

アーネストは彼を見ました。ああ、しかし「これも予言の人ではない」と、アーネストは群集から離れて出ながら溜息《ためいき》をついて独語を言いました。

「まだまだ長いあいだ、待たねばならないのか」。

しかし、いつもと同じように「心配するな、アーネストよ。彼は来るだろう」と巨巌の顔は語るようでした。

更に歳月は足早に静かに過ぎ去りました。アーネストはまだ彼が生まれた村に住んでいて、もう中年の男になっていました。人に気づかれぬくらい少しずつ、彼は谷間の人々に認められていました。

今でもこれまでと同じように彼はパンのために働きました。

そして従来と同じように素朴な心の持主でありました。しかし彼は非常に色々と考えたり感じたりして、身分こそ低いが、この人が生きていたために世の中がそれだけよくならぬ日は一日としてありませんでした。

彼は自分自身の歩いている道から、わき へ外《そ》れることは決してしなかったが、つねに彼の隣人に祝福をさし伸べるのでした。ほとんど無意識のうちに彼はまた、道を説《と》く人となっていました。清らかで、きわめて素朴な彼の思想は、その表明の一つとして、彼の手から音もなく生まれる善行となって現われたが、また、言葉ともなって流れ出ました。

彼は真理を語ったが、それは彼の話を聞く人々の生活に影響を与え、その生活を作りあげました。恐らく彼の話を聞く人々は彼自身の隣人であり、親しい友人であるアーネストが、凡人以上のものであるとは決して思わなかったでありましょう。

我が師友協会の＊一燈行《いっとうぎょう》・一燈照隅行《いっとうしょうぐうぎょう》ということは、まさにこれです。諸君は決して凡人以上のものであると人に思われる必要はない。

とりわけアーネスト自身はそんなことを毛頭思いませんでした。しかし、小川の囁《ささや》きのごとくに自然に、ほかの誰の唇も語ったことのなかった思想が、彼の口から語られました。しばらく時が経って谷間の人々の心が冷静になると、彼等はブラッド・アンド・サンダー将軍の獰猛《どうもう》な人相と山腹の優しい顔とのあいだに類似があると想像した誤りをすぐさま認めました。

しかし今度はまた一人の政治家が出てきました。

彼は不思議に思うほど雄弁であったので、彼がどんなことを取りあげて言っても、聴き手は彼の言うことを信じないではいられませんでした。邪も正に見え、正も邪に見えました。彼の

一燈行・一燈照隅行　伝統大師「山家学生式」中の「照于一隅、此則国宝」より採った言葉。一燈照隅より萬燈照国へすすむ（一二二頁参照）。

雄弁はついに、彼を大統領に選ぶようにと彼の国の人々を説きつけました。

これより先、——実は、彼が有名になり始めるとすぐに、彼の礼讃《らいさん》者たちは彼と「巨巌の顔」とのあいだに類似点を見出していたのでした。そして彼等はその類似の甚だしいのに非常に深い感銘を受け、この有名な紳士を迎えるため盛大な準備がされました。すべての人々は仕事をやめ、彼が通るのを見るため、路傍に沿って集まりました。

これらの人々のなかにアーネストもいました。再三失望したけれども、彼は希望を抱いて何でも信ずる性質であったので、彼は何でも美しく思われるもの、善いと思われるものを、いつでも進んで信用しました。彼は絶えず胸襟《きょうきん》を開いていました。そこで、今度もまた、いつものように軽い気持ちで「巨巌の顔」の似顔を見るために出かけて行きました。

華やかな整列の真中に、四頭の白い馬に引かれた無蓋《むがい》の四人乗りの四輪馬車がやってきました。そして馬車のなかには、帽子をかぶっていない大きな顔の有名な政治家自身が坐っていました。

しかしアーネストは**憂鬱になり、ほとんど落胆して眼を外《そ》らしました。**彼の数々の失望の中で、これがもっとも悲しいものでありました。

しかし「見よ、私はここにいる。アーネストよ」と、やはり優しい顔は言うような気がしました。

「私はお前より長く待っていた。でも私は待ちくたびれはしない。心配するな。予言の人は現われるだろう」。

歳月は進んで白髪をもたらし、彼の顔には尊い皺《しわ》を、また彼の頬にも深い筋を作りました。彼は老人になりました。然し、いたずらに年をとってしまったのではありません。彼の皺や深い筋は時が刻んだ碑文であって、そのなかに、アーネストは人生行路によって錬《ね》られた賢い物語を書いていたのでした。

かくて、アーネストは無名の人物ではなくなりました。求めずして、衒《てら》わずして、多くの人々が遠近から慕いよってきました。彼等が共に語り合っていると、アーネストの顔は知らず知らず輝いて、穏やかな夕方の光のように彼等を照らすのでした。そして充ち足りた思いで考えこみながら、客たちは暇乞《いとまご》いをして帰途につきました。そして谷間を登って行きながら、立ち止まって「巨巌の顔」を仰ぎ見、彼等はこの顔に似た人間の顔をどこかで見たが、どこで見たのか思い出せないと考えさせられました。

アーネストが大人になり、また、老人になっている間に、この地に一人の新しい詩人が来ました。彼もまた同様にこの谷間で生まれた者であったが、遠く離れた処で生涯の大部分を過していたのでしたけれども、彼が幼少のころ見慣れていた山々が、彼の詩の澄みきった大気のなかに、その雪を頂いた峰をしばしばもたげるのでありました。「巨巌の顔」も、また忘れられてはいませんでした。その詩人はそれを短い抒情《じょじょう》詩のなかで褒《ほ》め讃えていたからであります。その詩は非常に雄大で、「巨巌の顔」自身の唇から詠《うた》われたと思われるほどでした。

この詩人の作品はアーネストの所まで伝わっていました。彼はその百姓家の入口の前で椅子《いす》に腰をおろして、いつもの骨折り仕事のあとでそれを読みました。そこは非常に長いあいだ、彼が「巨巌の顔」を眺めて、彼の休憩の時を思索して過ごした所でした。そしていま彼は魂をゆさぶる詩の一節一節を読みながら眼をあげて、慈悲深げに彼に微笑《ほほえ》みかけている巨大な顔を眺めるのでした。

「おお、尊厳なる友よ」と、彼は「巨巌の顔」に呼びかけました。「この詩人は、あなたに似ても恥ずかしいことはないのではないか」

「巨巌の顔」は微笑するように見えたが、一言も答えませんでした。

ある日のこと、その詩人は遠隔の地に住んでいたけれども、アーネストのことを噂に聞いていたばかりでなく、どうかして是非この人に会いたいと思いました。そこである夏の朝、とうとう汽車に乗って出かけました。

そしてその詩人とアーネストとは、たがいに語り合いました。詩人はこれまでにたびたび最も機智に富んだ人々や、賢明な人々と交際してきたが、然しアーネストのような人とは、以前に交際したことは一度もありませんでした。彼の思想感情は非常に自然に淀《よど》みなく湧き出ました。そして偉大な真理を単純に言い表わして、それを親しみ易いものにしました。

一方、アーネストはその詩人によって、また、いたく心を動かされ感激させられました。彼等の心は相和して一つの諧調《かいちょう》となりました。

「あなたは、どなたですか。珍しい天賦《てんぷ》の才のあるお客様」と、彼は言いました。

詩人はアーネストが読んでいた本を指さしました。「あなたは、これらの詩をお読みになりましたね」と、彼は言いました。「では、あなたは私をご存知です。――私がそれらを書いたのですから」

再び、そして前よりももっと熱心に、アーネストは詩人の眼鼻をじっと見ました。それから、「巨巌の顔」の方に向き、それからまた合点のゆかぬ顔付で彼の客の方を見ました。しかし彼は失望で顔色を失い、頭を振り、そして溜息をつきました。

「なぜあなたは憂鬱なのですか」と詩人は尋ねました。

「なぜかと申しますと」とアーネストは答えました。「私はこれまでずっと、予言の実現されるのを待っていました。そして私はこれらの詩を読んだときに、その予言はあなたが実現して下さるんだと望んでおりました」

詩人は微《かす》かに微笑みながら答えました。

「あなたは私が『巨巌の顔』に似た顔の人であることを望んで

おられました。ですから、以前の場合と同様に、あなたは失望なさるのです。アーネストさん、私はあそこに見える慈悲ぶかい威厳のある姿によって表わされるだけの価値は、決してありませんから」

それまで長い間の習慣であったが、日没時になると、アーネストは戸外で、近所に住む人々の集まりに説教することになっていました。彼と詩人とは腕を組み合って歩きながら、なおも共に語りつつそこへ行きました。それは山間のささやかな片隅で、うしろには灰色の絶壁がありました。そこの自然の教壇へアーネストは登りました。

そして語り始めました。この教師の口から発せられるのは単なる息吹ではありませんでした。それは生命の言葉でありました。耳を傾けていると、アーネストの生涯と人格とは、それまでに書いたことがないほど高尚な調子の詩であると、その詩人は感じました。

かなり離れているが、この時「巨巌の顔」が夕日の黄金色の光を浴びて空高く現われました。その大慈悲の顔付は全世界を抱擁するかのように思われました。

その瞬間、詩人は抑えきれない衝動に駆られて、両腕を高くさし上げて叫びました。

「見よ。アーネストこそ、まちがいもない『巨巌の顔』の写しだ！」

すると、人々は驚いて、皆じっと見較《くら》べました。そして深い洞察力のある詩人の言ったことが真実だということが分かりました。予言は実現されたのです。しかしアーネストは、演説を終ってしまうと、詩人の腕をとり、ゆっくりと家の方に歩いて行きました。そして、誰か彼自身よりも賢明で、一層徳のすぐれた人が、「巨巌の顔」に似た姿で、程なく現われるだろうと、いつもの通り望んでいました。

＊

――ということで此の物語は終わっております。

この話を始めに申しましたように、中学時代に読んで、いたく感動したのですが、それがいまだに忘れられないで、私の心に何か不滅のある貴いものを刻んでくれています。原文で読むとなお好いが、ちょっとくどい。

この巨巌の顔、これを湛海《たんかい》は不動尊に発見したのです。＊蔣介石《しょうかいせき》が崇拝を措《お》かざる人に＊曾国藩《そうこくはん》という清末の偉人があります。この人は終始、＊孟子に私淑して、時々孟子を夢に見ました。片倉鶴陵《かくりょう》のような例は無数にあります。こういうことは実に貴い。

私淑する人物につれて、持つべきものは、愛読書、座右の書というものです、憂きにつけ悲しきにつけ、疲れたにつけ淋しいにつけて、繙《ひもと》く心の書というものを持つ必要があります。

しかし、そういう志を持っておっても、もしわれわれが病弱

蔣介石
（一八八七～一九七五）
中国国民政府初代総統。日本陸軍士官学校出身。孫文の死後、広東政府の全権を握って北伐に成功し、南京国民政府の主席となる。国共内戦で台湾に逐われ、没した。

曾国藩
（一八一一～七二）
清朝末の政治家。太平天国の乱の平定で活躍。学問・人物ともに勝れた哲人で、至醇《しじゅん》、至誠の人格者。その「日記」には至醇の人柄が溢れている。

であったり、頭が悪くてはだめだろうか。貧乏育ちではだめだろうか。忙しくて暇がない身ではだめだろうか。体が弱いからだめだ、頭が悪いからだめだ。何分にも貧乏でとか、忙しくてとても――とは普通人のよく言うことです。果たしてそうでしょうか。

そういうことは決して無い。ありとすれば、要するに怠け者の逃口上、薄志弱行にすぎないということを、次にいささか歴史的事実によって確かめてみましょう。

これを知れば発奮しない人間はありますまい。これでも発奮できないなら、よほど惰夫《だふ》、怠け者といわなければなりません。惰夫の「夫」は「婦」でもよいわけです。

この「夫」という文字は、「扶」と同じで、助ける、支える、物を助け起こす意味で、つまりしゃんとした、頼りになる、物事を助け起こすことができるというのが男・夫だということです。

孟子
（前三七二〜前二八九）
中国の戦国時代の思想家・儒者。孔子についで「亜聖」といわれる。道徳思想としては性善説を唱え、政治思想としては徳によって天下を治める王道政治を主張した。編著に『孟子』七篇がある。

これにたいして婦《ふ》（おんな）は帚《そう》がついている。帚は箒（ほうき）で、婦を奴隷あつかいにした封建時代の悪い意味をそのまま表した文字だと解釈する者もありますが、とんでもないことで、「帚」は清潔のシンボルであり、物事を、その場を、その存在する所を、すべて清潔にする、浄化するというのがその意義であります。婦の在るところ、すべて浄化され、清められる。女の本質、使命が実によく表現されているではありませんか。それは余談として、もとに返りましょう。

病弱ではだめか

自分では志を持たぬのではないが、如何《いかん》せん身体が弱い。不幸にして病弱なために勉強ができないと、いかに多くの青年男女が悲観していることでしょう。

一応もっともです。しかし甘い同情はなんにもなりません。むしろ気概のある者からすれば唾棄《だき》すべきものです。病弱は志の如何によっては、時にその逆ですらあり得る。病弱なるが故に勉強できるということも言えるのです。病弱で勉強ができぬということは絶対にない。

よくよくの重病か何かならば別、いや、重病なら重病の学問・悟道もあるはずです。まして病弱でできないなどとは言えません。そんな人間は生きる意義も価値もない。死んだ方がましだ！と考えたら、それから勇気が出て、丈夫になるかもしれない。そういうものです。人間の妙理というものは。

恐らく誰知らぬ者もない「廃人の奇蹟」はヘレン・ケラー*でしょう。

この人はナポレオンとともに一九世紀の奇蹟といわれた婦人です。この人は生まれて二歳のとき、脳膜炎をやって、眼も耳もだめになってしまった。これは実に悲惨なことです。幸いに

ヘレン・ケラー（**Helen Adams Keller** 一八八〇～一九六八）アメリカの女性社会福祉事業家。生後一九か月で盲聾唖となる。身体障害者の福祉事業に献身した。

家がよかったので、両親が非常にこれを悲しんで、あらゆる方法を講じたけれどもどうにもならない。

それでもあきらめずに、あの電話の発明で名高いベル*の助言を聞き、*サリバン女史という非常に立派な慈悲と智慧に富んだ婦人がありまして、この婦人に附《つ》けることができました。その温かい行きとどいたいろいろの看護のもとに、この不幸な少女は無事に育って、育つばかりでなく、だんだん盲《もう》で聾《ろう》でありながら知能を啓発して、ついに数ヶ国語をよくするようになり、ハーバード大学に入って、当時婦人としては奇蹟的な業績を挙げるまでに至りました。

一九世紀の奇蹟の一人といわれる所以です。

このヘレン・ケラー女史がある席で述べた感想に、結局人間は努力です。努力することによって開発されぬ何物もありません、と語っております。これは人間の肝に、銘ずべき至言であります。

ベル
(**Alexander Graham Bell** 一八四七〜一九二二)
アメリカの発明家。スコットランド生まれ。父が創始した聾唖教育法実施のためカナダに渡る。後にアメリカへ渡り、磁石式電話を発明した。

サリバン女史
(**Joanna Mansfield Sullivan** 一八六六〜一九三六)
少女時代に高熱のため視力を失い盲学校に学び、後にヘレン・ケラーの家庭教師となる。著書に『奇跡の人』がある。

今アフリカ問題が世界の視聴を集める一つの重要問題になっております。そのアフリカといえば、やはり先ずイギリスを代表的に思い出しますが、そのイギリスのアフリカ開発を論ずるとき、かならず思い出される先駆者の一人はセシル・ローズ*という人です。

このセシル・ローズも十九歳のときに肺病に罹《かか》り、普通ではだめだ、思い切った転地をしようと、普通なら山紫水明の地へでも行くのだが、彼は兄が南アフリカで事業をやっておったので、一つアフリカ辺へすっとんでやろうと、兄貴のところへ尋ねて行ったのが始まりで、それからあの大活躍をやったのであります。

史上こういう例は決して少なくないというよりも、むしろ人生にこんなことは有りふれたことなのであります。

私の友人にやはり中学時代に肺病になった者がありまして、これはむしろ貧乏なために入院だなんだと騒がれず、魚釣りが

セシル・ローズ（Cecil John Rhodes　一八五三〜一九〇二）イギリスの植民地政治家。イギリスのロスチャイルド財閥と結んで南アフリカにおけるダイヤモンド業や金産業を独占。ケープ植民地首相となり、中央アフリカを征服、ローデシア植民地を建設した。

唯一の楽しみで、どうせ死ぬなら釣りでもするさと、毎日魚釣りを始めました。そして暇にまかせて、釣りに関する本をむさぼり読み、釣りの名人になりました。そしていつのまにか肺病は退散してしまったのです。

　肺病というものに心まで捕えられてしまって、いたずらに薬を飲んだり、入院したり、戦々兢《きょう》々として、養生ばかりしたところで、それは生を養うておるのではなく、それこそ文字通り亡骸《なきがら》を温存するに苦しんでおるのです。

　病弱ということは、少しも勉強の障害にならない。むしろ凡庸《ぼんよう》な人間、怠惰《たいだ》な人間、惰夫《だふ》は、せめて病気ぐらいに罹《かか》らねば救われる機縁《きえん》がないということも決して冗談ではありません。病に関する古人の体験と名言、これを研究収集して、新病理学とすれば、偉大な著作もできましょう。

貧乏ではだめか

家は貧乏で勉強ができないとは、ありふれた話です。これも絶対にそんなことは許されません。

貧乏などは病弱より始末がよい。貧乏の功徳《くどく》ともいうべき事例を集めて書物にしたら、大著ができるでしょう。古来、貧乏ほど人間を作ったものはないと申して過言ではありますまい。脳裏に浮かんだ二、三の文献をここに紹介しましょう。

*三浦梅園《みうらばいえん》先生、幕末大分の哲人であり、碩学《せきがく》であります。先生の少年時代の記録が梅園全集附録の逸話集に出ております。これは私が非常に好きな話なのです。

「先生（三浦梅園、名は安貞・晋）の始めて*絅斎《けいさい》（綾部有終）の門に入りし時は、絅斎の年六十六歳なりき。富永（大分県豊

三浦梅園
（一七二三〜八九）
江戸中期の哲学者・儒医。天文・物理・医学・博物・政治・経済に通じ、条理学を首唱した。

綾部絅斎
（一六七六〜一七五〇）
江戸中期の儒学者。杵築藩の侍読で朱子学を学んだが、古学系統に属する碩学。

後の一村）より杵築《きつき》城下へは山越《ごえ》四里許《ばかり》なるを、十六歳の一少年は日々経《けい》を抱きて往復するに、常に跣足《はだし》なりき」

三里や四里の道を通学するということは、大正時代までは平気でありました。田舎ではあたりまえでした。ちっとも珍しいことではなかったのです。前大戦後から、だんだん交通・通信が発達して、自動車だの、電車だの、バスだのが到るところにできて、総じて人間が歩かなくなりました。

人間が歩かなくなるということは、大変反省せねばならぬことです。人間が歩かなくなるとともに堕落したということもできます。明治・大正時代さえそうだから、まして旧幕末時代においておやです。

「十六歳の一少年は、日々経を抱きて往復するに、常に跣足《はだし》なりき。師絅斎、見て之《これ》を憐《あわれ》み、家人に命じて草履《ぞうり》を与へしむ。少年謝して之を受け、穿《は》きて出づと雖《いえど》も、門を出づるや直に脱ぎ、砂を払ひ、之を懐《ふところ》にして帰る。翌日来るや跣足平日の如し。

而して師の門に至るや、復《ま》た草履を懐より取出し、穿きて入る。其の用意此の如きものありき」

　とても今日の諸君の想像もつかぬことだろう。私はありありとその少年の姿が目に浮かぶ。そして目頭が熱くなるのです。*西郷隆盛なども貧乏侍の倅《せがれ》で、終始破れ草履をはき、粗服を纏《まと》うておった少年です。それでも行儀は非常に良かった。

　貧乏の例は際限なくある。むしろ人によると、人間は偉くなるためには貧乏でなければならぬとまで言います。過言ではありません。貧苦艱難《かんなん》、あるいは貧弱・多病、そのなかにいて偉くなったというのではなく、そのなかに居ったればこそ偉くなった、と言い得る人がどれほどあるか分からない。

　次に*勝海舟の日記を見ましょう。これは彼の若き日の自筆だ。彼二十五の時のことです。

「弘化四、丁未《ていび》秋、業に就《つ》き、翌仲秋二日終業」

　この「業につき」というのは彼がオランダ語の勉強を開始し

西郷隆盛（南洲）（一八二七〜七七）幕末・維新の政治家。名は隆盛、南洲は号。明治維新の最大の功労者。参議となったが征韓論を主張して退官帰郷。明治十年、不平士族に擁され西南戦争を起こして敗れ自刃した。

勝海舟（一八二三〜九九）幕末・明治の政治家。幕府より海軍伝習に長崎に派遣され咸臨丸《かんりんまる》を指揮して渡米。帰国後軍艦奉行となる。幕府側代表として江戸城明け渡しの任を果たし、維新後も政府要職を務める。自伝に『氷川《ひかわ》清話』がある。

たことです。今で言うなら猫も杓子《しゃくし》も英語をやるが、あれと同じだ。オランダ語を勉強しよう。まず辞引が欲しい。ところが本屋で買うには、とても高くて手が出せない。それでも彼は苦心惨澹《さんたん》して、金を調達して行ったが、すでに売られておった。そこで買った人の住所を聞いて、尋ねて行って、借料を払ってこれを借り受け、それを写し始めた。大した根気です。

今時の青年に辞引を借りて来て写しとるなどという根気はとてもないでしょう。むしろ幾らか出せば買えるんだから、そんなことは話にならないと思うでしょう。これが実は深刻な問題です。

それはさて置き当時は第一、辞引が無い。本が尊かった。それにしても写しとるということは大変なことだ。しかも海舟はなかなか利発な青年で、彼はその際、二通写して一部は自分のもの、他の一本はそれを売って金に換えるという離れ業をやってのけております。この仕事を始めたということが、「業に就《つ》き」です。

「予此の時、貧・骨に到り、夏夜＊幮《かや》無く、冬夜衾《ふとん》無く、たゞ日夜机に倚《よ》って眠る。加之《しかのみならず》大母病牀に在り。諸妹幼弱不解事《ことをかいせず》」、妹達は幼くて、まだ何もわからん。

「自ら＊椽《たるき》を破り、柱を割《さ》いて炊《かし》ぐ。困難到于爰《ここにいたって》又感激を生じ」、この一言千金の値打ちがありますね。「困難ここに至ってまた感激を生じ」とはまったく身体が熱くなりますね。たいした貧乏です。貧乏するにも感激がある。ベソをかくようではだめです。

「一歳中《（一年で）》、二部の謄写《とうしゃ》成る。其の一部は他に＊鬻《ひさ》ぎ其の諸費を弁ず。嗚呼《ああ》此の後の学業、其の成否の如き不可知《しるべからず》。不可知也」

実に気合のかかった文章だ。こういう貧乏をして、やっぱり彼も偉くなった。

この海舟と本屋で会って、懇意になった人が、海舟の家を尋ねたところが、玄関で下駄を脱ごうと思ったら、そのままその

幮　蚊帳。蚊を防ぐために吊り下げて寝床をおおうもの。

椽　垂木とも。屋根の板裏を支えるために、棟《むね》から軒にわたす木材。

鬻ぐ　ひさぐ。売ること。

ままという。なるほどどこも床板だけで、彼の勉強する所だけわずかに畳が敷いてあった。恐らくたいてい焚物《たきもの》にしてしまったのだろう。とにかく柱を削ったり、椽《たるき》を削り、縁側の板をはいで炊事をしたというわけです。それほどの貧乏をして勉強をした。

しかも海舟には、そんな苦労をしたような面影《おもかげ》もない。ユーモアたっぷりの人です。明治維新後、政府から子爵授与の内示があった。彼はニヤニヤ笑って、短冊を出し、

今までは　人並《ひとなみ》の身と　思ひしに
五尺に足らぬ　四尺なりけり

なるほど、これは気の毒とばかりに、伯爵にしたというような逸話もあります。

海舟と鉄*舟と並《なら》んで、三舟と称せられる高*橋泥舟《でいしゅう》（謙三郎）

という人がありますo この泥舟も貧乏のなかから鍛えあげた人で、槍一筋で伊勢守《いせのかみ》になったほどの人です。幕府の手に負えぬ浪士たちも、この泥舟にはみな一言もなく服したという人です。山岡鉄舟はこの泥舟の弟子です。

高橋泥舟の本家の主人は、兄の山岡静山（紀一郎）であったが、あまりに槍術《そうじゅつ》鍛錬が過ぎて、若死にした。当時久留米の人で槍を取っては名人といわれた南里紀助と、道場で朝から午後まで長時間真槍で稽古をして、両方の槍の穂先がちびたというくらい、偉い稽古をしたものです。この兄の家の後継ぎを小野鉄太郎に請《こ》うて、山岡鉄舟となったわけです。この人々はほんとに捨身の修行をして、その上に死生の巷《ちまた》を往来したが、一向屈託《くったく》がない、線が太い。のみならずユーモアがある。つまり余裕がある。こういうのが本当の風格というものでしょう。

泥舟などという号がそもそもユーモラスだ。これはカチカチ山のお伽《とぎ》ばなしから取ったもので、明治維新になって、いろい

山岡鉄舟

（一八三六〜八八）政治家・無刀流の創始者。剣道に達し、禅を修行、書をよくした。王政復古後、西郷隆盛を説き、勝海舟との会談を成立させ、明治天皇の侍従《じじゅう》を務めた。

高橋泥舟

（一八三五〜一九〇三）幕末の幕臣。槍術に秀で、国事に通じ、講武所教授などを務めた。山岡鉄舟、勝海舟と併せて「幕末の三舟」と称せられる。

ろ新政府に出仕《しゅっし》を乞《こ》われたが、皆断《こと》わって、

狸には　あらぬこの身も　泥の舟
　　漕ぎ出さぬが　カチカチの山

という歌を作って、泥舟と号したのです。この人の門人に関口隆吉という人があります。のちに山口県令になりました。偶々《たまたま》*前原一誠《まえばらいっせい》の*萩の乱に当たり、当時県令は裁判も行《や》りました。昼は厳然として法廷に臨み、夜は私服に着換えて、一本ぶらさげ、牢屋に一誠を尋ねて、慰問したそうです。今なら大問題になったでしょうが、当時は世の中に人間味があったわけです。

*子母沢寛《しもざわかん》氏が『逃げ水』という小説を書いています。これは泥舟を中心に当時の海舟・鉄舟等の鍛錬陶冶《とうや》の凄《すさ》まじさが記されてあります。好読物です。

この頃は学問することは学校に入ることになってしまいまし

前原一誠
（一八三四～七六）
長州（山口）藩士。吉田松陰に学び、尊皇攘夷運動に参加。維新後は参議・兵部大輔を歴任するも下野し、明治九年萩の乱を起こし斬罪。

萩の乱
明治九年（一八七六）明治政府に対する山口県萩の士族反乱。

子母沢寛
（一八九二～一九六八）
昭和期の小説家。『国定忠治』の連載で股旅小説を書き、また幕末、維新に題材を取った『父子鷹』などの

た。そこでとにかく学校に入学したい。学校に入るには受験料やら入学金やらといろいろ金がいる。家にはそんな金がない。貧乏では学問も出来ん——これが深刻な社会問題になってきました。このために教育の機会均等を進める社会政策も必要ですが、同時に、もっと根本的に学問とは何か、を考え直すことも非常に大切なことです。

金が無くてもできる学問が幾らでもあります。金のかかる研究は、金のかからぬ学問、特に人間学の裏打ちがなければだめであります。

頭が悪くてはだめか

さて次に、頭が悪い、鈍物である、無能であるというのはどうだろう？

小説で知られた。

これも問題でありません。歴史を調べてみると、決して秀才・英才でなければ、学問・修業・成功できなかったなどということはありません。鈍才・凡庸《ぼんよう》、結構です。――というよりは、むしろあまり出来のよくない、あんまりどころじゃなく、はなはだ出来のよくなかったような少年・青年にして、非常に大を成した人物も枚挙《まいきょ》にいとまがない。

こういう実際に徴《ちょう》すると、現代的にいうならば統計がものを言います。多くのデータに徴して、確かに問題じゃないのです。*ナポレオン、世界で一番たくさん伝記の出ているのがナポレオンだそうです。今日でもフランスへ行ってみると、ナポレオンの研究がまだ盛んです。全く驚くべき人物です。

あのナポレオンは元来、兄弟十三人あった。そのうち五人早逝《そうせい》して、八人残った。その八人の兄弟の中で、彼は一番出来が悪かった。到底ものに成るまいと乳母《めのと》が評しておった。乳母の評ばかりでなく、学校の受持ち教師もナポレオンの頭の悪い

ナポレオン（Napoleon. Bonaparte 一七六九〜一八二一）
フランス皇帝。在位一八〇四〜一四。コルシカ島の貴族の生まれ。フランス革命に参加し戦功をあげ、一七九九年クーデターにより統領政府をつくり、一八〇四年皇帝に即位した。「ナポレオン法典」をつくる。

のにてこずって、この子の頭のなかに何か腫物《はれもの》でも出来ておるのじゃないかと言っていた。

先生といえば、近代誰でも挙げるのがペスタロッチ*です。このペスタロッチがまたどうも教師を悩ました鈍才で、殊に字が書けなかった。

ニュートン*もおもしろい。およそ近代科学を論ずれば、まずニュートンを想いだすでしょうが、そのニュートンはいつもビリからやっと二番でした。あるとき彼は友達から馬鹿にされて、喧嘩《けんか》して、それから発奮したということです。ダーウィン*も小学校時代鈍物《どんぶつ》で、妹にかなわず、教師は彼を愚か者と面罵《めんば》しました。

幕府後期、大阪儒教界に中井竹山*（名は積善。文化元年・一八〇四没、年七十五）という偉人があります。父の中井甃庵《しゅうあん》、弟の履軒《りけん》（積徳）相揃《そろ》って出来物《できぶつ》ですが、とくにこの竹山は、風貌《ふうぼう》人物共に非凡な英傑であります。

ペスタロッチ
(**Johann Heinrich Pestalozzi**
一七四六～一八二七)
スイスの教育改革家。家庭教育・小学校教育を大切にし、民衆教育の師表と呼ばれた。『隠者の夕暮れ』の著がある。

ニュートン
(**Sir Isaac Newton　一六四二～一七二七**)
イギリスの物理学者・数学者・天文学者。万有引力の法則などを発見。

ダーウィン
(**Charles Robert Darwin**
一八〇九～八二)
イギリスの生物学者。ビー

ところが、彼は少年時代どちらかというと鈍物と見られていました。また、西郷南洲だの、*東郷元師だの、恐らく今日の学校の入学試験では、落第組ではありますまいか。人の評する秀才だの、鈍才だの、全く意に介するに足りません。一に発憤と努力如何であります。

鈍は時に大成のための好資質とさえ言うことができます。鈍はごまかしません。おっとりと時をかけて漸習《ぜんしゅう》します。たとえば書なんかでも、器用な書というものは、ちょっと見れば好いようでも、大抵は軽巧になります。厭《あ》きがきます。元来下手なのが一所懸命習い込んだというものは、なんとも言えぬ重厚な好いものです。馬鹿の一つ覚えと笑うことでも、これを練りあげたら大したものなのです。

利巧な人間はとかく外に趨《はし》り、表に浮かみ、内を修めず、沈潜し難い。どうしても大を成しにくいものです。味がありません。自分は頭が悪い、才がないということは、貧乏や病弱とと

グル号で南半球を調査し生物の進化を唱えた。主著に『種の起源』がある。

中井竹山（一七三〇～一八〇四）儒学者。大阪の人。名は積善。朱子学を学び復古学をとり入れ折衷学を唱えた。その著『草茅危言』は幕末の諸制を詳細に論じたもの。のちに懐徳堂の学主となった。

東郷元帥＝東郷平八郎元帥（一八四七～一九三四）日露戦争の際、連合艦隊司令長官として日本海海戦を指揮、バルチック艦隊を破った。

もに、少しも成人に憂《うれ》うることではありません。

忙しくてはだめか

もう一つ、多忙という悩みがあります。どうも仕事が忙しくて勉強ができない。これはみな言うことです。つまらぬ人間まで始終口にします。まして名士などになりますと、二口めには「忙しい」です。これも問題になりません。

佐藤一斎*の「重職《じゅうしょく》心得箇条」という、これは一斎の生まれ故郷である美濃《みの》岩村藩*のために彼が立案した憲法です。実によく出来ています。そのなかに「重職たるものは、如何ほど忙しくとも、忙しと言はぬがよきなり」とあります。

忙しいと言うな。随分心に余裕を持たねば、大きな問題を取りはからうことはできない。つまらないことまで、すべて自分

佐藤一斎
（一七七二〜一八五九）
江戸後期の儒学者。幕府の儒官。美濃の人。朱子学・陽明学に通じる。経書に訓点を施し、世に一斎点という。門弟に渡辺崋山、佐久間象山など。

岩村藩
岐阜県恵那郡岩村町

でやり過ぎるから、それで暇がなくなり、忙しがるのだ。こう言っております。

そういう心がけばかりでなく、どんなに忙しい人でも、志さえあれば、随分大事・大業を成しております。

水戸の*光圀《みつくに》卿が『大日本史』を作りましたが、これは南北朝で終わっておる。近世史がない。これを貧乏サラリーマンが、独力で継承して作り上げた驚くべき大著が、名高い『日本野史』というものです。

これは頼山陽の『日本外史』などとは違った二九一巻に亘《わた》る苦心の大著です。著者は*飯田黙叟《もくそう》（忠彦）といい、昼間は大阪の*有栖川《ありすがわ》宮邸に仕え、夜は父の晩酌の相手をして、その余りの時間で、『大日本史』を二冊ずつ借りて写し取り、それを参考資料にして、『大日本史』の終わりを継ぎ、言わば近代史を叙述した。そして二九一巻という大著を完成したのです。これを考えると、貧乏暇なしで何もできぬなどとは義理にも言えませぬ。

徳川光圀
（一六二八〜一七〇〇）
江戸前期の御三家の大名。水戸藩主。大義名分を重んじ、彰考館を設けて、『大日本史』の編纂に着手した。世に水戸黄門といわれる。

飯田黙叟
（一七九八〜一八六〇）
幕末期の歴史家。十六歳のときに『大日本史』を読んで感奮、勤王の志を持ち、有栖川宮家などに仕えた。独力で『日本野史』二九一巻を編纂した。

有栖川宮
幕末・維新期の皇族。熾仁《たるひと》親王は王政復古の時、総裁イギリスで著述家と言えば、十九世紀の*エドワード・リットン卿を挙げねばなりません。

この人は植民大臣をやり、何しろ当時世界に跨《また》がり太陽の没する時がないと言われるほどの植民地を持っておった大英帝国の植民大臣ですから、一面大旅行家でもありました。おそらく当時第一の多忙人でしょう。その人に数十巻の大著述があります。

同じ*エドワードで、グレー卿は第一次大戦の時の外務大臣をした人ですが、この人も、あの忙しい政治家生活のなかで、鮭を研究して一家をなし、小鳥の研究も大したもので、彼が外務大臣のとき、アメリカの*テオドル・ルーズベルト大統領を迎えて、ロンドン郊外の森を散歩しながら小鳥の説明をしてきかせ、小鳥の声に精通して、世界の政治家たちを床《ゆか》しがらせた人です。

私が非常に感動を覚えた一事ですが、かつて米沢（山形県）に遊んだことがあります。ちょうど上杉家の土用干しがありま

となり、官軍を率いた。

エドワード・リットン（Edward B.Lytton　一八〇三〜七三） イギリスの作家・政治家。『ポンペイ最後の日』の著がある。

エドワード・グレー（Edward Grey　一八六二〜一九三三） イギリスの自由党政治家。

テオドル・ルーズベルト（Theodore Roosevelt　一八五八〜一九一九） アメリカの政治家。アメリカ第二十六代の大統領。

して、そこに招かれていろいろ宝物を拝見しました。そこに直《なお》*江《え》山城守自筆の『古文真宝《しんぽう》』の大部な写本がありました。『古文真宝』上下二巻、細かい註まで実に丹念に写してあり、末尾に、対陣三越月にして成る――つまり敵前陣中において三月の間に書いたという。

勉強というものは、どこでも、どんな時にでも出来るもんだということを、しみじみと感じました。

明の王陽明も、病躯《びょうく》を以てこっちの内乱、あっちの反徒と寧処《ねいしょ》*の暇なく奔走《ほんそう》しながら、その間にもっとも真剣な読書・学問・教育・詩作・論述を行っております。

弟子たちは絶えず先生のあとを追って陣中に聴講しており、一日の戦闘がすんで、夜になると、夜営の帷幕《いばく》*のなかで篝火《かがりび》を燃やして、そこで書物の講義です。弟子たちもヘトヘトになって、翌日眼を覚ましたら、もう陽明先生は前線に進軍している。

しかしそういう例は実に珍しくありません。われわれの学徒

直江山城守
（一五六〇～一六一九）＝直江兼続。安土桃山、江戸前期の武将。

寧処
寧は、やすらか。安心して暮らすこと。

帷幕
帷幄《あく》と同じ。垂れ幕と引き幕。これを引いて陣営し、策を練ったことから作戦本部のこと。

のなかにも過般の戦争中、陣営のなかで一番真剣に読書思索したという青年たちも少なくないのであります。

そういう人々の体験によりますと、上海とか北京とかの都会地に居るときは、小説とか新聞雑誌とかでまぎらすが、だんだん前線に行くにしたがって読まれなくなる。馬鹿馬鹿しくて読めないそうです。ましてもう命がけの最前線に出て、敵に直面し、砲声を聞きながら夜営するという時など、『論語』とか聖書とか、真剣な読書でないと納まらないのです。

つまり人間は真剣になると、くだらないもの、浅はかなものなど嫌《いや》になるのです。本当に命のこもった、尊い本でなければ身にこたえないそうです。

登山家に聞いてもそうです。麓《ふもと》の町の温泉などにヤレヤレと足を伸ばす時なんかは、小説を読んだり、娯楽本を見たりするそうですが、もう深山幽谷にはいってゆけば、そんなものは見るのも嫌になり、厳粛な神聖なものでなければ読めないそうです。

外国人のヒマラヤ登山隊や、アルプス登山隊の手記のなかにも同じ体験が語られております。だから、だらけた生活をすることが一番いけないということが、これでわかります。

さてまた多忙にもどりますが、活動して腹がへれば、食欲が出るのと同じで、多忙になると、却《かえ》って求道《ぐどう》心が旺盛になり、頭が働くものです。

多忙、大いによろしい。多忙で勉強できないというようなことは決して言うを要しません。健康で、富裕で、才能に富み、閑があるというようなことは、決して真剣な学問・求道・大成に必要ありません。

アメリカのロックフェラー医学研究所の重鎮にルネ・デュボス*という医学の大家があります。名高い"Man, the Unknown"(人間・知られざるもの)という大著を書いたカレル*の後を継ぐ碩《せき》学といわれていますが、この人の書いておるもののなかに、

ルネ・デュボス(René Jules Dubos 一九〇一~八二) アメリカの微生物学者・病理学者。ロックフェラー研究所に入り、環境医学教授。文明論・人間論の著作も多い。

カレル(Alexis Carrel 一八七三~一九四四) フランスの外科医・生理学者。カレル縫合と呼ばれる動脈縫合術を完成。ノーベル医学・生理学賞受賞。

彼の友人G・チェスタートン*という社会学者で逆説の大家の鋭い所論を引用してあります。

危険な錯覚

このごろは洒落《しゃれ》や説教の通じない人間が多くなりました。これも精神の退化です。チェスタートンの逆説論法はしかし誰にもよくわかります。

医者の話の誤りは、健康の観念と養生の観念とを結びつける点にある。健康は養生とどういう関係があるのだろうか。むしろ健康は不養生と関係がある。

医者が異常に悪い病人に向かって話すときは、気をつけるように注意するのは当然であるが、社会学者が正常な人に向

---

*チェスタートン（Gilbert Keith Chesterton 一八七四〜一九三六）イギリスの作家・批評家・詩人。警句や逆説を駆使した文芸・社会批判を行った。

かって話すとき、それは人類に話すのである。正常な人間は向う見ずでなければならぬ。健康な人間の根本的機能は、おっかなびっくり遂行するようなものではないということを強調する必要があると言っているが、この軽妙な言葉は、将来ますます社会的に重要になると思われる医学の一面に注意を喚起する効果があると思う。

健康は、みずから努力する必要のない、医者が与えてくれるもの、あるいは薬屋で買う薬品によって受動的に到達する状態であるというような幻想を与えてはならない。

健康は、創造的な生活方法に依存するのであり、変化してやまない環境から絶えず起こってくる予想できない挑戦に対して、人間がどのように反応するかということに係るのである。

安全・快適を是《こ》れ求め、苦痛と努力をひたすら避けようとする過度の関心は、経済的・生物学的に危険性を有するものであり、事実、社会的・民族的自殺にひとしいということを認める勇気がなければならない。個人の適応力を高め、遺伝的悪化を防ぐ方法を発見しないならば、将来われわれは生命の健全さと、その多くの価値を犠牲にして、ただ命を延ばそうとして、いたずらに一の保護法から他の保護法へと狂奔《きょうほん》するにすぎぬことになるであろう。

実に痛切ではありませんか。

人間はどんなことが起こっても、自由自在に対応できる、そういう適応力を不断に養わなければいけない。それには絶えず自力を養成しなければならぬ。他の力に頼っていてはだめです。薬の力とか、医者の力とか、寒いから暖房、暑いから冷房、そういう他物に依存しておっては、だんだん、その自力が弱くなります。

仕事が忙しくて疲れる、疲れるから活力剤・強精剤、眠れぬから安眠剤・鎮静剤といろんな薬を飲む。お産にも、陣痛はいやだ、無痛分娩がよいと、いろいろ注射したり、服薬したりする。かくしてだんだん自然の体力・生命力も弱くしてしまいます。なおその上にいかなる代用品も、自然の生命力に較べてはものになりません。

身体ばかりでない、生理ばかりでない、精神、心理、精神という意味における性理、命理、すべてにおいてそうです。鍛錬、不断に自分自身を鍛錬陶冶《とうや》しておかんというと、結局悲劇になる。その意味において、先程来言いました病弱であるとか、あるいは愚鈍であるとか、貧乏であるとか、多忙であるとか、いうようなことが、逆にみな自分自身を鍛錬する非常な妙薬、これこそ妙薬になる。妙薬以上のものになる。

これは動物を養っても植物を養ってもそうであるが、まあこういう所へくると杉の木などがよく育っておるが、この山に杉の苗木を栽培する栽培家の秘訣がある。あれは杉の苗木を、よく耕されよく培養された沃土《よくど》、肥沃な土壌にあの苗木を疎植《そしょく》する。つまり豊かに、ゆったり植えたりなんかすると、すぐだめになる。ちょっと目はスクスク伸びるけれども、やがて、ある程度成長してくると弱くなる。虫害や風水害にすぐやられる。育って切ってみるというと、中が非常に粗笨《そほん》*で役に立たん、苗木のときにごく荒れた地に、しかも密植する。

つまり苗木の時にうんといじめておく。そして適当な時期に、それも適当な所に移植する、そうすると隆々として、美材、美木になる。良木になる。人間でもそうでありまして、若いときから、レジャーだ、バカンスだ、エンジョイだなんてことをいうとったんでは、これはもうだめだ。バカンスでは無い馬鹿でござんすと万才《まんざい》がいうておる。万才がいう通りだ。ありゃ、万才でない、本才だ。

知的精神的能力は更に甘やかしてはならぬもの、代用のきか

粗笨　あらくて雑なこと。粗雑と同じ。

ぬものです。参考書や教授法の発達が、青年子弟の天分能力をいかにふやけさせてしまうか、恐ろしいことです。

人と境遇

人間は素質や環境を大切にせねばならぬが、結局何よりも自主的努力だということを、もう少し方面を変えた文献に徴しましょう。

その一つは瑞西《スイス》のカール・ヒルティ*のものです。瑞西人としてはこの人の前に、アミエル* Amiel がよく知られています。この人は詩人で哲学者で、生きているうちは有名でなかったが、死後その日記が世界的に有名になりました。本当にスイスの山紫水明にふさわしい、美しい心情の持ち主であり、その文章もまた美しい情緒がよく出ています。

カール・ヒルティ（Carl Hilty　一八三三〜一九〇九）
スイスの法学者・哲学者。ベルン大学教授、国会議員、ハーグ国際仲裁裁判所判事などを歴任。プロテスタントとしての倫理的・道徳的著作『幸福論』『眠られぬ夜のために』で知られる。

ヒルティは、その後に出た実際家です。法律家、弁護士、政治家として知られ、敬虔《けいけん》な信仰家で、宗教家と言ってもよいほどです。

その著述も実証的で、深い思索を含んだ精神的なものが多く、日本では最近、大分有名になってきました。その『幸福論』『眠られぬ夜のために』などがよく読まれております。こういうヒルティやアミエルのものは、諸君が、座右に備えておいて良い書物であります。

今度の戦争ののち、マックス・ピカートという人が、この二人についで有名になっております。非常に天才的なひらめきのある思想家で、ヨーロッパでも、今日ごく玄人《くろうと》筋の人びとのあいだに畏敬されております。この人のは前の二人にくらべると、近代的な癖があってちょっと読みにくい。さて、このヒルティがこういうことを言うております。

アミエル（Henri Frederic Amiel 一八二一〜八一）
スイスのフランス系文学者・哲学者。その『日記』は静かな洞察力に富む魂と、鋭い執拗な自己分析の記録で、世紀末を生きる孤独なモラリストの苦悩を示している。

人間は抛《ほう》り出しておいても善くなるような自然的能力を持っているものではない。逆に善に反抗する傾向がある。すなわち怠惰、勤労を嫌う、わがまま、罪のない子供を容易に犯《おか》す時代風俗のもつ魔力などである。児童に根本的に必要なものは、そのうちに成長して、下品なもの・俗悪なものなどに触れない清潔な雰囲気である。

教育についての抽象的理論の多くは価値がない。最高の教育を受けた人間も、その後の自己陶冶《とうや》を缺《か》いては、立派な人間には成り得ない。ごく劣悪な教育も、自己陶冶によっては、なお改善され得るものである。

いかにも人間は陶冶次第です。「陶」というのは、焼物を造る、「冶」というのは、冶金《やきん》の冶で、金属を精錬することであります。土を粘《ね》り、焼いて、陶器を造る。鉄を鍛えて鉄器を造るようなもので、人間もやはり、焼きを入れ、鍛えるということをやらなければ、ものになりません。自由放任では、決してものになるものではない。いくつになってもそうであります。

ほったらかしておいて、良くなるというのは、よほど恵まれた天分を持って、人から見たならば、ほったらかされておるようでも、実は人知れぬ感化・鍛錬を受けておるに過ぎません。そして一般にはやはり、良い環境に置く、良い雰囲気のなかに育てるということです。

環境が人をつくるか・人が環境をつくるか、とは昔からよく出る問《とい》ですが、環境が人をつくることを力説する者があります。ある者は、いや、人が環境をつくると言います。この議論は、おのおの一理があって、そのいずれか一方を断定するのは間違いです。

人が環境をつくるというのも本当です。人が環境を造れなければ、人たる値打ちがない。どこに自由・自律があるか、主体性があるか。人は一つの小さな天である。天であるというのは、自然である。自然とは創造である、変化である。いわゆる造化である。物を create することがすなわち自然である、神のはたらきである。

したがってその一部である人間は、物を創造することができなければならない。したがって人は環境をつくる。現に人間はこういう文明世界を作りあげてきた。しかし各人が常に自主的に物をつくってゆく、どこまでも主体になって創造してゆくということは、非常にむずかしいことで、人間の想像力・創造性は、人によってそれぞれ違うけれども、いずれにしてもそれほど無限なものではない。ときどきそれが弱まったり疲れて怠ったりする。

つくられる環境、おかれる環境の方の力が強いと、今度は環境の影響を受ける。すなわち、環境が人をつくる。人が環境をつくるということも本当なれば、環境が人をつくるということも本当である。

人が環境をつくりつつ、環境から人がつくられて、人と環境と相まって人間世界を変化させている――というのが妥当である。

人の創造力が弱いときは、したがって環境を重く見なければならない。環境が悪化してくれば、人を重く見なければならない。いま日本の状態はだんだん行きづまりになり、立往生の状態にあります。環境の雰囲気ははなはだ悪い。停滞し、頽廃しておる。いわゆるレジャー・ブームとか、バカンス・ブームとかいうものは多分に病的であります。

これを変革するもっとも大きな力を持っておるのはやはり、政府であり、政府では大臣や総理です。首相たる人が敢然として積極的に革新力・創造力を発揮することができれば、この環境は著しく変化することは確かです。しかし、それを大臣に期待して、国民が何もしないようでは、やはりそんな大臣も出ますまい。

もっと望ましいことは、国民の有志が、一人でも多く、それぞれ積極的・創造的精神を発揮することです。

一燈照隅・萬燈遍照

われわれはこれを「一燈照隅行《いっとうしょうぐうぎょう》」と申します。おのおのがそれぞれ一燈となって、一隅を照らす、すなわち自分が存在するその片隅を照らすこと。この「一隅を照らす」は、*伝教大師がその著「山家学生式《さんげがくしょうしき》」のなかに、提唱しておることです。

なんで片隅を照らすなど、心細《ぼそ》いことを言われたのか——とよく考える人がある。大光明を放つとでも言ってもらいたいところです。しかし聞くだけなら愉快だが、人間みずから大光明

伝教大師（七六六〜八二二）＝最澄。平安初期の僧。空海とともに中国に留学し、帰朝後比叡山に天台密教の道場を開いた。天台宗の開祖。「学生式」は修行僧の守るべき規則と心得の書。

を放つことなど、どうしてなかなか出来るものではない。

つまらない人間も「世界のため、人類のため」などと言います。あれは寝言と変わらない。寝言よりももっと悪い。なにも内容がない。自分自身のためにも、親兄弟のためにも、ろくなことができない人間が、どうして世界のために、人類のために、なんて大口きけるか。

それよりも、自分が居《お》るその場を照らす。これは絶対に必要なことで、また出来ることだ。真実なことだ。片隅を照らす！　この一燈が萬燈《ばんとう》になると、「萬燈遍照《へんしょう》」になる。こういう同志が、十万、百万となれば、優に日本の環境も変わりましょう。

しかしこれには時を要する。間に合わぬという懸念《けねん》もあります。しかし間に合うと合わぬとにかかわらず、これは不断に努力しなければならないことであります。即効を求めれば、やはり政府に、総理に、あるいは、有力な指導者の奮起に待たなければなりません。そうすれば、変わることは確かであります。

退化は早い

人間は、そういう修練をしないと、環境と共に容易に頽廃《たいはい》します。

山でも、登ることは容易でないが、下ることは速い。人間も鍛錬陶冶して築きあげることはむずかしいが、頽廃堕落は、非常に早いものです。それは個人ばかりでなく、国家でもそうです。国家でも意外に早く頽廃崩壊することは、過般の日本の敗戦、敗戦後の堕落をみても明白です。

フランス革命を研究して、リヴァロル*の言に打たれたことがあります。リヴァロルは、フランス革命当時の有名なフランス語学者であります。この人の研究によって、初めてフランス語というものの価値が明らかにされ、同時に、国語というものを

リヴァロル
(Comte de Antonie Rivarol
一七五三〜一八〇一)
フランスの批評家・政論家。「明晰ならざるものはフランス語にあらず」の句により有名。

大切にしなければならないということも考えさせられたのであります。

彼は、「どんなに進歩した国でも、一歩誤れば、ただちに野蛮時代に退化することは、ちょうど夏なお寒き氷の刀でも、忽《たちま》ちにして褐色の銹《さび》を生ずるのと同じである。国民も金属のように、表面だけしか輝いていない」――と言っております。いかにもその通りです。好い譬《たとえ》ではありませんか。

いま日本の経済が非常に繁栄しておるというけれども、いわゆる経済人でない私は、素人であるだけに、かえって経済人のような偏見を持たない。あるいは経済に囚《とら》われない。その眼で素直にみると、日本の経済は非常に弱体で、質が悪い。案外もろくこの繁栄は不況に変わりはせぬとか案じられる。

経済もやはり精神と修練の問題です。明治大正時代の人なら知らぬ者のない『*菜根譚《さいこんたん》』というおもしろい本があります。そのなかに、

菜根譚
中国・明代の処世哲学書。二巻。洪応明《こうおうめい》（自誠）の著。儒教思想を中心にし、仏教、道教思想も加味した約三百六十条の処世訓。

「一疑一信・相参勘《さんかん》し、勘極まりて智を成せば、其の智始めて真なり」。

疑問と所信とを何べんも思索検討しきわめて、初めて真智に到着することができる。

「一苦一楽・相磨錬し、錬きわまりて福を成せば、この福始めて久し」。

これが錬成です。苦労の足りない幸福などあてにはなりません。こういうふうに自己を錬成してゆく上に、いくつも大切な秘訣がありますが、ここにその二つ、三つ取りあげてみましょう。

寸陰を惜しむ

第一に、寸陰を惜しむということです。

時間というものは、長い時間をとろうと思うとなかなかとれるものではない。それこそ仕事がある。多忙である。邪魔がはいる。だから閑を得たらと思うのは何にもならない。

けれどもどんな忙人にでも、寸陰というものはある。ちょっとした時間というものは必ずある。そのちょっとした時間をつかむのです。これに熟練すれば、案外時間というものはあるものです。昔から一藝一能に精進した人々は、みな体験しておることです。

たとえば、弓を射る。遠くの的《まと》を視る。初心者は、的がよく見えぬ。しかしだんだん時をかけて修業してくると、小さな的が大きくなる。目に見えぬような細字を、米粒にでも書くことができる。素人は、文字をみるだけでも容易でない。それが、磨錬してゆくうちに、細字を、大文字と同じように書けるようになる。これが道の秘訣です。

寸陰を惜しんでやっておると、その寸陰が、長い時間と同じ、あるいはそれ以上の値打ちを生じてくる。前述の一例、飯田黙叟《もくそう》でも、昼間のうちは、主家に勤め、夜は帰って父の晩酌の相手をし、そのあとわずかな時間で、あの『日本野史』という大著を作るだけの偉大な時間となった。精神を集中し、寸陰を積んでこれを錬磨すると、非常な感覚力を生ずるものです。

諸君、何かの研究に没頭してごらんなさい。釣りなら釣りでよい。釣りの研究に夢中になっていると、神田や本郷に行って、本屋に入る。何千何万という本があるから、どこに何があるか分かるものではない。然るに釣りに関する本は、パッと見つかる。それは不思議なものです。

今日は一つ本屋でも漁《あさ》ってみようかなと思ってブラリと入っても、平生、研究問題を持たぬ人では、なにも見つからんものです、平生なにかに精神を集中していると、意外な「発見」をする。そこに神秘な因縁をすら感知するものです。こういうところに人生や、事業・学問の秘訣があります。

古人は「＊三上《さんじょう》」ということを言うています。

一つは「枕上《ちんじょう》」。寝るとき、大あくびして、寝床にもぐりこむだけでは、志のない人間です。せめて寝るときは、スタンドでも用意しておいて、心の養いになるような、自分の研究や趣味に参考になりそうな、なるべく精神的なものが宜《よろ》しい。そういう書物の一頁半頁でも読んで寝るという志がなければならない。そうすると意外な閃《ひらめ》きがあるもので、なくてもよろしい。清眠します。

その次は「馬上」。今日なら車上だ。しかし東京や大阪では、車上はだめです。混雑と動揺のなかでは、どうにもならない。一番好いのは、途上だ。これも跳ねとばされてしまってはだめで、つくづく文明の悲哀を覚えます。

私が半生をかえりみて、常になつかしく思うのは、中学時代、生駒山下から飯盛山下・四条畷《なわて》の中学に一里ばかりの道を、降っても照っても歩いて通《かよ》ったことです。この往復のあいだにどれ

三上 本来は「作文三上」といい、文章を作る工夫をこらすに適した三つの場所をいう。ここでは転じて「読書三上」とされている。

だけものを考え、書を読んだかわかりません。時には牛車に衝突もした。牛の方が驚いて目を丸くしておった。今になってみると、この中学五ケ年間、高野《こうや》街道といいますが、これを歩きながら読み考えたことのほんの幾分かを現実・実行し得たような気がします。今でも歩くとよく物を考える。その点はやはり田舎は幸福である。田舎では、歩くこと、考えることができます。

第三は「厠上《し》」。便所です。これは物を考えるのにやはり好い所で、本を読むにもまことに宜しい。その本もなるべく短い語録のようなものが良い。あるいは詩歌の類も宜しい。長編の論文などは便所にむかない。僅《わず》かに十分か、十五分、長くて二十分ぐらいだが、ところがこれが習慣になると、大したもので、何年かのうちに読む分量は驚くべきものとなります。

だから志があれば、諸君が他日、家を建てるときは、まず便所を良くすると宜しい。一般向き便所以外、別に読書用便所をつくる。いくら贅沢しても便所にかかる金など僅少《きんしょう》なものです。そしてせめて床をつくり、香爐《こうろ》も置き、見台《けんだい》も置ける程度につくっておく。学問もできるし、それからその日の神算鬼謀*も限りなく生まれてくるものです。たいていの人々は、くだらぬところに贅沢して、肝心のところを粗末にする。「尻が結ばれぬ」というのはここにもあります。

この「三上」ということは実に味が深い。時代が変わったから、諸君は諸君の「三上」をつくるが宜しい。

要するに「寸陰を惜しむ」ということの活用であれば宜しい。そういう心がけを持てば、どんな境地にあっても勉強の出来ないことはありません。

神算鬼謀
すぐれたはかりごと。

良い師友を持つ

その次に心得べきことは、やはり「良き師・良き友」を持つということであります。

青年に大切な心がけの一つは、人生の物事を浅薄軽率に割り切らないことです。人生というものは、非常に複雑な因縁果報の網で、変化きわまりないものであります。人間がこれを軽々しく独断することは、とんでもない愚昧《ぐまい》であり、危険であると言わねばなりません。

論理学者に言わせるとPlurality of causes and mixture of effects. 原因の複雑と、結果の交錯です。それが実在で、そのなかから著しい或るものを取り出して結びつけ、これが原因、これが結果と決めるのです。

胃が痛む。何の原因かと思う。実際は、胃が痛いという内容は、限りなく複雑で、原因も多々あるわけです。暑さで身体がだれておったのも原因、前夜晩《おそ》くまで勉強したとか、酒を飲んだとかいうのも作用しておる。おもしろくないことがあって、いらいらしておったということもある。そこへ、何か悪いものを食った。飲んだ。こういうように原因は無数にある。

そして胃ばかりでなく、他にもいろいろな結果を生じておるのであるが、そのうち特に著しいのは胃が痛いと言うこと、悪いものを食ったということである。そこで、一方を原因、一方を結果とする、こうせぬと割り切れぬ。然しそう単純に割り切るばかりでは危ないのです。

単純に因果の論理を進めてゆくあいだには、多くの内容が棄てられてしまう。その棄てられるもののなかに、意外に重大なものがあるかもしれない。人生社会の現実問題となると、因果関係が非常に複雑で、何がどういう縁で、どういう果を生み、どうはね返ってくるか（報）、測《はか》るべからざるものがあります。

法華経に説く十如是《にょぜ》、如是相―如是性―如是体―如是力―如是作―如是因―如是縁―如是果―如是報―如是本末究竟《ほんまつくぎょう》等《とう》。因果の循環関係を十種に説いたものです。

われわれが直接経験するそのままの世界、これは「相《そう》」です。これは定まったものではなく、変化きわまりがない。これを無相という。仏教は、いずれの宗派を問わず、みなまずこの現相を打破し、無相を覚るのです。

これらの相は、単なる表面だけの世界ではなくて、そのなかに相を相たらしめる働きがある。それを「性《しょう》」という。その性の本源が「体」であります。この体は「力」である。科学的に言えば、エネルギーとも言える。単に抽象的なものでなくて、いろいろの作用をいとなむ働きである。これを「作《さ》」という。これはいろいろの現象の「因」となる。

ところがその因が不思議な「縁」（接触）によって、いろいろの「果」を生ずる。だから縁から起こるとして「縁起」という。果はまた一つの因で、あるチャレンジです。challengeがあればresponseがある。歴史哲学者のトインビー*がこれを説いている。トインビーを待つまでもなく、あらゆる道の学者がこの関係を説明しております。

これを応「報」という。すべて異なって、しかもみな同一です。この如是相・性・体・力・作・因・縁・果・報・本末究竟等は、その故に十如是、百如是、万如是、万有世界になります。

世の中は、人間というものは、何がどういう関係を持つか、はかり知れません。私は銀行員である。だから金融事業が専門である。その他のものは専門外である。そこで銀行関係者とはつきあうが、金融に関する本なら読むがその他の人間とは別に用はない、本も読む必要はない。こう断定することは、最ものを知らない、道のわからぬ人間です。

たとえば自分は事業界に入った。製鉄会社である。だから鉄

トインビー
(Arnold Joseph Toynbee 一八八九〜一九七五)
イギリスの歴史家。その代表的著作『歴史の研究』(全十巻)は歴史上の文明圏の発生、発展、衰退、滅亡の事象を詳細に調べ、そこに通ずる法則性を明らかにした。

関係の人々には交際する、鉄関係の書物なら読む。事業には金融が必要である。金融業者との交際ならよかろう。その他の人間にはあまり用事がない。畑違いの本は読まない。——こんな考えの人間が多いものです。

こういうのを浅見というのです。人世の因果の微妙複雑なことが分からない浅はかな人間です。金融のために銀行に行って、いくら頼んでも金は貸さない。百計尽きておる際、ひょっこり昔の友人に逢った。おう！　珍しい。どうしている？　実はこんな始末だ。そうか、君なら何でもやりとげられる人物だ（こう見こまれる自分であることが何より大切だ）。僕の親友に××がおる。彼は話がわかる。一つ紹介しよう——こういうことから意外な道が開けることが屢《しばしば》あるのです。

人世の出来事というものも、たとえば何が、幸《さいわい》であり、何が禍《わざわい》であるかは、容易に分らぬ。

凡俗の浅薄な考えで、これは幸福だ。これは禍だとすぐ決めるが、人生・自然・天・神の世界の真実・理法は、そんな単純な或いは好い加減なものではない。

*「人間《じんかん》万事塞翁《さいおう》が馬」という諺《ことわざ》もあります。平生からおよそ善い物・善い人・真理・善い教・善い書物、何でも善いもの・勝れているもの・尊いものには、できるだけ縁を結んでおくことです。これを勝縁といい、善縁といいます。

とにかく、折角善い人に会い、善い書を見、善い話の席につらなりながら、キョトンとしたり、欠伸《あくび》をしたり、そっぽを向いたりしている人間はだめであります。うつけ者です。

大体そういう人間なら、諸君は決して事を共にしてはいけない。そういう人間を友にしてはいけない。むしろ何でもないようなことでも、耳を傾けたり、眼を光らせる人であったら、何か見どころのある人間なのです。もちろん形骸は眠っておるようでも魂が輝いておる人もおりまして、凡眼ではなかなか見わけがつきません。

「人間万事塞翁が馬」 中国の古代百科書『准南子《えなんじ》』中の言葉。北辺の要塞の辺に住む老人の馬が逃げ、やがてまた帰る。その度に老人の禍福が変転したという。

*伊藤仁斎《じんさい》のところへ、山科《やましな》に閑居しておった*大石内蔵助《くらのすけ》が聴講に出かけるが、よく居眠る。同席の者が癇《かん》にさわり、仁斎先生に「どうもあの男、居眠っておっていけませんが――」と注意した。仁斎先生は「いや、気にかけなさるな。眠ってはおるが、あの人は出来ておる」と云ったという、うますぎるような話があります。

似たような例は、佐藤一斎にもあります。これは事実です。一斎先生の塾で一同これから寝るという段になると、きまって二人の若者が猛烈に議論を始める。それで塾生が困って、一斎先生のところへ訴え出た。

「どうも夜になると、議論を始める二人がおりまして、うるさくて寝られません。なんとかお叱りください」

「誰だ」

「佐久間と山田です」

*佐久間象山《しょうざん》と山田方谷のことです。なるほどこれなら議論

伊藤仁斎（一六二七～一七〇五）江戸前期の儒学者。京都の人。朱子学を修めた後、古学を教授。門弟三千。諡は古学先生。

大石内蔵助（一六五九～一七〇三）大石良雄（内蔵助は通称）。播州《ばんしゅう》赤穂《あこう》藩家老。元禄一五年、主君浅野長矩《ながのり》の仇討ちのため浪士四十六人を率いて吉良《きら》上野介《こうずけのすけ》の邸《やしき》に討ち入る。

しそうだ。

一斎先生は「そうか！」としばらく考えておられたが、「うん。あの二人ならやらせておけ！　がまんせい！」。

しかしこれらは例外です。たいてい常則《じょうそく》がありますから、心がけ一つで見分けがつくものです。そしてつねに虚心坦懐《きょしんたんかい》で、農婦や漁夫にも学ぶ心がけが必要です。

学問のしかたも同じです。たとえば、漢学者だから漢籍しか読まぬというようでは、どうも目ざしの干物みたいな人間になりがちです。

英文学をやっておるので、英文学書ばかり読んでおると、どうも鼻もちのならぬ気障《きざ》な人間になりやすい。法律家だとて法律の本ばかり読んでおると、むかし一高の寮歌にあった「法科の頭を叩いてみれば、権利々々の音がする」というような法律条文の化け物みたいになりかねません。

万物は多くの異質なものの微妙な統一調和からできておりま

佐久間象山

（一八一一～六四）幕末期の思想家・兵学者。砲術・兵学を吉田松陰、勝海舟らに教えた。松陰の米国密航計画に連座して下獄。開国論・公武合体論を唱えて攘夷派に暗殺された。

す。そういう意味で漢学者もできるだけ西洋の哲学・文学に気をつけ、信仰宗教にも心を潜《ひそ》める。西洋文学をやる者は、一面厳しい哲学や倫理の書物を読む、歴史に学ぶ。

こういうように、多面性・万華《ばんか》性がほしいものです。但し雑学になってはいけません。こなさねばなりません。それは心の問題です。必要とか興味とかの問題でなく、純な内面的要求に従ってやれば、決して雑学になどなりません。

愛読書・座右書

良い師友と同時に、人間はどうしても愛読書がなければならない。座右《ざゆう》に愛読書を置いておきたいものです。

腹が減ると何か食べたい。食べるについても好物というものがある。花を栽培する。人それぞれ、あるいは薔薇《ばら》が好きである、あるいは牡丹《ぼたん》が好きである、梅が好きである。

機会があるごとにこれらの花を集めるのと同じように、終始愛読書・座右の書を持つ。それはなるべく精神的価値の高い、人間的真理を豊かに持っておるような書がよい。

ということは、たえず心にわが理想像を持つ、私淑する人物を持つ、生きた哲学を抱くということであります。これは、われわれが人間として生きてゆく上にもっとも大切なことです。

現代人の一般的欠陥《けっかん》は、あまりに雑書を読み、雑学になって、愛読書、座右の書、私淑する人などを持たない。一様に雑駁《ざっぱく》・横着《おうちゃく》になっている。自由だ、民主だということを誤解して、己をもって足れりとして、人に心から学ぼうとしない。これは大成するのに、もっとも禁物であります。

大学卒業生などを新しく採用する試験委員たちに、

「君は誰か私淑する人物を持っていますか」「君はどういう愛読書を持っていますか」と聞いてもらって、何遍かその報告を聞いたが、ほとんどだめでした。愛読書という意味の分らんのさえ少なくない。愛読書というのは、面白かった書物のように思っておるのも多い。もちろん、書という前に、言葉・文字の知識がこの頃は恐ろしく貧弱且《か》つ混乱しておることも多い。これは確かに国民的堕落の一様相です。

感恩報謝

人間は生きる、長ずるにしたがって、思えば思うほど、いろいろの因縁というもの、情感的 emotional に言えば、お蔭で、いろいろなお蔭で自分というものができていることが分かる。そこでこのいろいろなお蔭でできた自分だから、いろいろ報いなければならない。これを感恩報謝といいます。

□—環境と、大—人の手足を伸ばした相と、心とより成るものが「恩」の字です。何のおかげでこのように大きく存在しておるかと思う心が恩を知ることです。

われわれは天地の恩、人間の恩、道の恩、教えの恩など、あらゆる「恩」の中にあります。これに絶えず報いてゆくのが生活であります。感謝報謝という心を失っていくら福祉政策などを国家の手でやってみたところで、世の中は真実には良くならない。良くなるように見えても、かならず反作用があって、結論は心もとないものです。

人間がこういう自然の美しい心をなくして、反対に、憎悪・忿《いか》り・復讐《ふくしゅう》・殺生・権力・支配、こういう悪心を長じてゆけば、どうなりましょうか。そこに近代のもっとも深刻な社会問題があります。

社会革命

人間生活が感恩報謝と反対に、憎悪《ぞうお》復讐の争いになったらどうでしょうか。それこそ地獄であり、修羅場《しゅらば》であります。

人間社会の不幸や罪悪に悩んだ者が人生観・社会観を誤り、人間心理のなかの反面に潜在しておる憎しみや怒りや呪《のろ》い、それから発するところの復讐・傷害・殺生・破壊、そのための暴力・権力・支配・征服、こういう業火《ごうか》に燃えて、これが社会の革命勢力になるほど深刻な人間の禍《わざわい》はありません。

不幸にして西洋近世革命史は、その社会の罪悪から生まれた無政府主義者・共産主義者・*ボルシェヴィスト・*サンディカリスト・テロリスト、そういう者どもの手によって、革命が叫ばれ、革命運動が遂行された。ソ連や中共の革命政権がいかに

ボルシェヴィスト（bolshevist）
ボルシェヴィキ（議会の多数派）に属する人たちで、一九〇三年、ロシア社会民主党の内部メンシェヴィキ（少数派、右派）と対立して形成された。レーニンを指導者とし、メンシェヴィキを追放して政権を掌握。一九一七年、ロシア革命を成功させソビエト政権を樹立した。

サンディカリスト（syndicaliste）
労働組合至上主義者。

陰惨《いんさん》な血ぬられた歴史を持つものであるか、諸君も知らぬことはありますまい。カストロ*とフルシチョフ*に対して、何故ケネディ*が嚇怒《かくど》して断乎《だんこ》たる処置をとったのか、言うまでもなく、革命工作が明らかにアメリカを恐るべき業火の焔《ほのお》のなかに投じようとすることを知ったからであります。

誠の革命は、民族精神の聖火から生まれねばなりません。

然るに現代文明は不幸にして、人類に容易ならぬ中毒を起こしています。A・カレルの名評の通り、「病人ではないが、健康ではない」という段階から、「病人には見えぬが、重患である」という階層まで増加してきております。知的障害者・変質者・異常性格者、そういったような者が、ごく普通の存在になってきました。

どこか共通して冷酷な非人間性を持つ共産主義者を調べてみると、たいてい次の三種類のいずれかに属します。

㈠何らか潜在的に、肉体的疾患を持つ者。㈡性格的に異常性

カストロ（**Fidel Castro** 一九二六〜）キューバの革命指導者。キューバ共産党第一書記となり、アメリカの影響を斥《しりぞ》け社会主義をすすめた。

フルシチョフ（**Nikita Sergeevich Khrushchyov** 一八九四〜一九七一）旧ソ連の政治家。スターリン批判を行い、米ソ共存外交を推進した。

ケネディ（**John Fitzgerald Kennedy** 一九一七〜六三）アメリカの政治家。第三五代大統領。ソ連製ミサイルのキューバへの持ち込みを

を持つ者。㈢本人の育ちに、家庭的か社会的か何処かで、ひどく恵まれなかった事情を持つ者。

共産党のシンパになる者も概して暗い内情や心理を持つ者が多い。かつて社会党左派に属しておった一婦人代議士と会って閑談の節、

「あなたはなぜ党を出ましたか」と聞いたら、「私は最初、社会主義の理念に感動して入ったのですが、党に入ってみると、なんとも底冷えがして、人間味の乏しさに耐えられなくなったのです」と語りました。

共産党になると、もっとそれが深刻です。共産党では始終、権力争奪の闘争が演ぜられ、恐るべきリンチさえ珍しくありません。伊藤律《りつ》*なども周知の犠牲者です。毛沢東*やスターリン*の残虐《ざんぎゃく》は言うまでもないが、レーニン*も罪なき数千の人々の銃殺を何の躊躇《ちゅうちょ》もなく命令した人物です。最近出た書物でならば、たとえば社会学者のソローキン*と刑法学者ランデンの共著

阻止した（六二年）。

伊藤律
（一九一三〜八九）
昭和期の社会運動家。共産主義者。五五年六全協でスパイ活動を理由に共産党を除名され一時消息不明となり八〇年中国より帰国。

毛沢東
（一八九三〜一九七六）
中国革命の最高指導者。一九四九年紅軍を率いて共産革命に成功し中華人民共和国初代主席となった。

スターリン
（Iosif Vissarinovich Stalin 一八七九〜一九五三）
旧ソ連の政治家。レーニン

『権力とモラル』（高橋正巳訳・創文社刊）でも読んでごらんなさい。

マルクス*の人物も、資本論ではわからない。マルクスの詳細な伝記や手紙、そういうものを静かに点検すると、マルクスが厭《いや》になります。それは明らかに性格異常者であり、若い時は詩を作ったり恋もしたが、その父親が彼の大学生の時分に手紙をやって「お前は友達を持たない。一向友達について話などしない。お前の年頃に友がいない、友を語らないというのは容易ならぬ問題だ」と警告しています。

また「お前は必要以上に嘘をつく」と責めています。その頃から彼の暗い、拗《ねじ》けた性格が出ておるのです。だんだん長ずるにしたがって、彼と交わった友人で、彼に懲《こ》りなかった者はいなかったと言ってよい。

あの形影《けいえい》相従ったエンゲルスでさえ、腹にすえかねて絶交状のようなものを叩きつけている。マルクスが狼狽《ろうばい》して慰撫《いぶ》した

没後、トロツキーやバフーリンらを斥《しりぞ》けて大量粛清《しゅくさい》を行い、個人独裁を樹立。人民委員会議長（首相）として対独抗戦に勝利した。死後、晩年の専制的傾向をフルシチョフらが批判。

レーニン（**Vladimir Ilich Lenin　一八七〇～一九二四**）ロシアの革命家・政治家・マルクス主義者。コミンテルンを組織し世界へマルクス主義を輸出した。共産党創立者。

ソローキン（**Pitirim Alexandrovich Sorokin　一八八九～一九六八**）ロシア生まれのアメリカの

のであきらめたが、蛇に見こまれた蛙のような感じです。

とにかく憎悪・憤怒・呪咀《じゅそ》・復讐、こういう陰惨な心理の人間です。だからマルクス・レーニン*主義者は当然過激派になります。穏健な共産主義者など居りません。居れば社会党右派か、西尾氏*等の民社になってゆく筈です。

善と悪・革命と維新

そもそも悪は善より感じが深刻です。

善というものは生命の発展に従うものですから、柔順な感じです。刺激がない。素直です。

悪というものは生命の本流に抗するもの、逆行するものですから、どうしても感じが強く、身にこたえます。薬でも本当の良薬は生命を助長して副作用がない。効果も遅い。病の局所攻

社会学者。ペテルブルグ大学教授。一九三〇年渡米しハーバード大学教授となる。『現代社会学説』により有名になる。

マルクス（Karl Heinrich Marx 一八一八〜八三）ドイツの哲学者・経済学者。エンゲルスとともに科学的社会主義の創始者。資本主義から社会主義へと至る歴史発展の法則（唯物史観）を説くマルクス主義を創唱。主著『資本論』。

マルクス・レーニン主義 レーニンにより継承・発展されたマルクス主義。帝国

撃をするという即効薬というものは、刺激が強く、副作用もひどい。ましてや毒薬ではたまりません。

およそ人々は善に対してあまり感じません。悪に対して非常に強く感じます。人間も概して悪人は強い。善人は弱い。

だから世の善人と悪人とをくらべてごらんなさい。善人はたいてい引込み思案、消極的で、傍観的であり、団結しない。自然の草木と同じように自ら生きる。他に待たないものです。悪人は猛々《たけだけ》しく深刻で、攻撃的・積極的であり、必要に応じてよく団結します。

私は昔からいろいろの機会に力説してきましたが、悪人は一人でも「悪党」と言います。それじゃ善人をさして彼は「善党」だとは言いません。悪党という語があっても善党という言葉は使わない。だから悪党と善人では一応、善人側が負けるものです。負けてから、懲《こ》りて奮起して、いろいろ苦労して勧善懲《かんぜんちょう》悪《あく》する。これが昔の物語りの筋でした。

主義論、プロレタリア独裁、国際社会主義の可能性や前衛党（共産党）の指導に関する理論などの原則を明らかにしている。

西尾末広《すえひろ》（一八九一〜一九八一）

大正・昭和期の労働運動家・政治家。戦後日本社会党書記長、内閣官房長官、副総理などを歴任し、民主社会党を創立。委員長・常任顧問を務めた。

現代科学技術の発達はこの悪党に力を与えるので、一度負けた善人は盛返しが容易でない。自由陣営の悩みもここにあります。戦後ソ連が露骨に機敏に侵略して、バルト三国を始め、ダニューブ沿岸諸国を鉄のカーテンにとり入れてしまった。極東でも、中国を共産主義の手に委《ゆだ》ねた。北ヴェトナムも取られ、ついに朝鮮戦争が起きた――というところで、やっと国連軍が立ち上がった。

　あの時は侵略者を徹底的に懲らしめる最後の機会であった。それを為《な》し得なかった。終始ソ連軍に時をかせがせ、武力を作らせた。そのうちに中共までが核兵器を持ちそうな状態になってきた。もう捲返しはできない。共存して、悪が自ら善に化するのを待つほかないということになってきたのです。

　悪意と暴力による革命を、いかに理性と道徳的勇気とによって平和的に処理するか。日本的に言えば、革命より維新。これが今後の世界・人類が幸福に進むか、進まないかの岐《わか》れ道です。

ル・ボン（Gustave Le Bon　一八四一〜一九三一）

今の共産党はまだ進歩が見られません。レーニンは「百人のいわゆるボルシェヴィーキの中、真のボルシェヴィーキは、わずかに一人しかいない。残りの九十九人中、三十九人までは犯罪者であって、六十人は愚者である（レーニン、第三ソヴィエト会議の演説）」と暴露しております。

こういう群衆の心理については、斯学《しがく》の大家であるル・ボン*が、「ボルシェヴィーキのような心理状態は昔からあった。旧約聖書中のカイン*はボルシェヴィーキの精神を抱いたものである。然しこの昔ながらの心理状態を、政治的に合理であるとする説を立てたのは現代である。さればこそ、かかる心理は燎《りょう》原《げん》の火の如くひろがり、在来の社会的基礎を打壊してしまったのである」と説いている。

ヨーロッパでソ連というものを最もよく研究し理解した実際政治家の一人は、チェコの初代大統領トーマス・マーサリク*であるが、彼は、「過激派はツァーを倒したが、ツァーリズム*の

フランスの社会心理学者。「群集」の概念を提出、現代を「群集社会」とした。群集の心性を劣ったものとし、文明に対するエリートの意義を強調、民主主義への不信を表明した。

カイン
(Cain)
旧約聖書創世記の中のアダムとイブの長子。弟アベルの捧げた供物が自分の供物よりも神に喜ばれたことを怒り、アベルを殺す。

トーマス・マーサリク
(Tomas Garrigue Masaryk 一八五〇〜一九三七)
旧チェコスロヴァキアの政

服を裏返しに着こんでおる」と名言を吐いている。そして「彼等はいかなる代価を払っても革命を欲する」と断言している。

彼等が平和共存するなどということは、戦略以外の何ものでもない。善良な隣人が、ロシアも変わった、中共もやがて変わる、だから彼等はもう戦争はできない。次第に平和共存せざるを得なくなり、結局共産主義は変化して、だんだん穏やかな社会主義・民主々義・自由主義に近づいてくるものと、決めるのは甘い考えと言わねばなりません。

自由陣営があらゆる意味で優秀であり、内的に何らの不安もない堅実さがあるのでなければ、共産陣営に気を許せるものでありません。ソ連や中共が変わるのを待つのではなく、われわれは我々の国から、賢明に、それこそ「旧来の陋習《ろうしゅう》を破り」、目ざましい維新の実をあげて行かねばなりません。

青年よ、大志を持て！　そして老年になっても、壮心を持て！

烈士暮年、壮心已《や》まず。（曹*操の詩句）

治家・哲学者。チェコスロヴァキア共和国初代大統領。

ツァーリズム（tsarizm）
帝政ロシア時代の専制政治形態。農奴制を基盤とし、膨大な官僚制をしき、ツァーリ（皇帝）が強力な権力を振るった。一九一七年のロシア革命により崩壊。

曹操（一五五〜二二〇）
『三国志』の英雄、魏の武帝。字は孟徳。権謀に富み、詩をよくした。後漢に仕えて黄巾《こうきん》の賊を平らげ、袁紹を滅ぼして魏王となった。

心明く、望清く

心明《あか》るく、望《のぞみ》清く

皆さん、本校創立百周年、まことに珍しいめでたいことであります。

私も本校の卒業生の一人でありますが、この目出たい百周年の記念式典にお招きをいただきまして、感激に溢《あふ》れているこの大会に出席し、何ともいえない懐かしさ、千万無量の感慨にひたっております。ちょうど目の前に坐っております児童の姿を見ておりますと、昔自分もこうであったと思われ、気むつかしい話をする気がなくなりました。皆さんとお茶でも飲んで、久し振りに世間話でもして帰りたいような気持ちでございます。

何故かと申しますと、私は決して本校出身の誇るべき成功者でもなんでもありません。素直に申しますと、むしろ私は失望者の一人だと言った方が当たっているのでございます。

そういうことを話す場所柄ではございませんが、私は本校を卒業いたしまして、四条畷中学校（現高校）へ進学いたしました。その最終学年のときに第一次世界大戦が始まりました。これは中学生の私に非常な衝撃でありました。中学校を終えて、東京の第一高等学校に進みまして、英語やドイツ語を勉強するにつけ、どうしてこのような世界大戦が始まったのか、世界はどうなるのか、従って我が祖国日本はどうなるのかというようなことに、非常な関心を持って、そういう研究を致しておりますうちに、この世界の中でやはり我々の祖国と直接関係のある、また我が国に一番近い中国を主として、民族というものがいかに栄枯盛衰してきたか、治安興亡を繰り返したかということに限りない興味や感慨を持ちまして、その研究に没頭するようになりました。

大学を出る頃には、愈々《いよいよ》この研究にとりつかれまして、世の中に出て就職して生活するという気持ちがなくなってしまい、犬や猫のような動物でも生きているのであるから、まして人間である自分が生きていけないことはないだろうという元気で、生活など顧みず、研究しております間に、世界大戦は終わりましたが、その後日本へ色んな思想や運動が入ってまいりまして、大きな混乱におちいりました。

その中に引き続いて勉強しておりますうちに、やがて第二次世界大戦が起こるということがおぼろげながらわかるようになりました。そこでこれは大変なことになる、今度はうかうかしていると日本自体がどうなるかわからぬと考えまして、何とかこれを救わなければならぬと努力をいたしましたが、私の願いとは反対の方向に時勢は驀進《ばくしん》いたしまして、遂に第二次世界大戦が勃発《ぼっぱつ》して、日本は敗戦降伏という悲劇に直面したわけであります。

その終戦にあたりまして、思いもかけず詔書*の刪修《さんしゅう》*をしなけ

詔書
皇室の大事および大権の施行に関する勅旨を宣誥《せんこく》する文書。

刪修
字句などを削って改めること。

ればならないことになり心血を傾けました。

その後日本は幸いにも、絶望をまぬがれて何とか今日に至りましたが、今後またどうなっていくかということを常に真剣に考えておりますため、私は同窓の皆さんが想像しておられるようないわゆる成功者ではありません。

このようにつきつめて考えますと、晴れがましい本日の記念式典に卒業生の代表として挨拶をするという身分でないかと思います。でもあまりこれに固執いたしますとひねくれているような感じをまぬがれませんので、何も申さず、道元禅師*の言葉を借りますと『人の世の像に従って』即ち招かれるまま出てまいりました。本当に何ともいえない昔なつかしい気持ちで色々と思い出にふけり、また幸い幾人もの男女同窓生に会いました。

実は私は、本校初めての五年・六年ができた最初の卒業生でありまして、同窓は確か男子十二名、女子が八名、家族のようなものでありました。これらの方々のうち幸い一部の人が残っ

道元禅師（一二〇〇〜五三）
鎌倉時代、宋に渡り、高僧如浄禅師の教えを受け、帰朝後越前に永平寺を建立した。日本曹洞宗の開祖。著書に『正法眼蔵』がある。

ておられますので愈々なつかしくむつかしい話などはそぐいません。しかしながらそうも言っておられませんので、一寸《ちょっと》感懐《かんかい》を申し上げます。

　数年前になりますが、明治百年を迎えましたので、日本政府も記念行事を行いました。それは明治という時代を回想し洞察する極めてよい機会でありました。明治神宮では明治天皇のご詔勅《しょうちょく》の謹解を編纂《へんさん》されることになりまして、その道の専門家・学者に委嘱して膨大な資料と取り組んだのでありますが、懇請されまして私は委員長を引受け、大変苦心して之《これ》を完成いたしました。従って明治の歴史というものを具《つぶ》さに味い識る、識《し》るにもいろいろありますが味識《みしき》という言葉がありまして、この言葉どおりに味い識ることができました。

　そこで明治・大正・昭和を通観しますると、何といっても明治という時代は少なくとも真剣でありました。同様にスターリンがソ連を支配していろんな*スローガンを出し、「追いつけ！

追い越せ！」と盛んに国民を叱咤《しった》激励をしたことをご記憶の方もあろうかと思います。また中共の毛沢東は「大躍進」の号令をかけましたが、このスターリン、毛沢東の両者とも素直に申しますと甚だ不成績であります。

これらにくらべて我が日本の明治の歴史をみますと、遅れていた西洋文明、科学文明を発達させるため「追いつき、追い越せ」の国民運動が世界の奇蹟といわれるような成功を収めました。

ところが大正時代はどうであったかと申しますと、疲れたり、ゆるみがでたりという好ましくない現象が起こっております。特に第一次世界大戦によって、大した努力もしないのに、いわば漁夫の利をしめる立場で好景気に恵まれ、金もうけができまして、札びらが全国に舞うようになりました。これが日本を非常に堕落させました。

その上戦後欧州の色んな思想や運動がどっと流入してまいり

スローガン (slogan)
ある団体・運動の主張を簡潔に表した標語。

まして特に昭和になりますと、もう元のままではどうもならなくなったので昭和維新をやらなければならぬというような議論が起こりました。そこで国情が不安になり、遂に第二次世界大戦に突入するに至り、敗戦降伏となったわけであります。

これをしみじみ考えますと、本当の八百《やお》よろずの神々や仏たちの加護《かご》によって助かった、あれくらいのことですんだのだと思います。特に滅亡の危機をまぬがれたばかりでなく、更にちょうど大正の第一次世界大戦後のような繁栄を謳歌されるようになりまして、「繁栄の中の没落」という憂《うれい》が出てきました。

この言葉もアメリカから出たものですが、アメリカの繁栄というものは、世界が始まっていまだかつてないといわれる盛んなものですが、この繁栄がご承知のように頽廃、自堕落《じだらく》その他、色んな社会不安の現象を生じまして深刻な悩みとなってきました。すると何処《どこ》からともなくアメリカ国内において繁栄の中の没落という言葉が流行しまして、語弊があるかもしれませんが、やや有頂天《うちょうてん》になっておりました日本にもこの繁栄の中の没落という言葉がささやかれるようになりました。

そこで日本はどうなるのかという疑いが心ある人々の間に起こってまいりました。

日本はとにもかくにも、この明治百年の間に非常な成功と進歩をとげましたが、その中においてたった一つの大きな失敗をやっておることを忘れてはなりません。

それは何かと申しますと教育であります。「そんなことはない。教育が立派に成功したから日本の今日があるのだ」と言う人もおりますが、見方によってはそうでありますけれども、実は大切なことを間違えております。これを語りますと大変長い時間を必要としますからあえて簡単に申しますと、「一体人間とは何ぞや」という問題から考えなければなりません。これを説明しておると話が尽《つ》きません。

そこで人間にはこれがなければ人間として存在しないという

大切な本質的要素と、あればあるにこしたことはないが、ある程度は誰も持っている、附属的要素。この本質的要素と附属的要素の他にもう一つ大切なものがあります。これが習慣、躾《しつけ》でありります。

そこで人間にとって最も大切な本質的要素とは何かと申しますと、それは、

人間の徳性、習慣であります。

これに比べて附属的要素といいますのは、知識・技能でありま す。この知識・技能と申すものはあればあるにこしたことはありませんが、少々足りなくてもかまいません。知識・技能のすぐれた秀才といわれる人が多くありますが、殆《ほと》んど例外なしに自分の才を誇示し、冷たく排他的の者が多いものであります。徳性が備わり、よい躾《しつけ》を身につけて初めて知識技能も光彩を放つのであります。

ところで明治時代はまさに「追いつけ、追い越せ」の時代で

あって、その目標は西洋文明でありましたから、知識・技能は驚くべき発達をしたのですが、政府は学校制度をつくり、上は大学から下は小学校まで知識・技能を中心にした教育をいたしまして、そのために人間にとって最も大切な躾や徳性というものをおろそかにして、小学校から中学校、高等学校までを大学の予備校にしてしまいました。

昔は小学校を尋常《じんじょう》小学校といいました。この尋常とはあたりまえ、どんなことにでも、平常と少しも変わらないことです。如何《いか》なる戦場に臨んでも平常どおり少しも変わらぬ戦いをしたいと、昔の武士は「いざ尋常に勝負」と言ったものです。

従って尋常小学校の尋常とは将来如何なる境遇にあっても平常心を失わぬように処《しょ》するその根底を養うことであります。これを誤って尋常小学校とは学校の中で一番程度の低い子供の団体である等と、とんだ誤解をしておると申さねばなりません。

また、大学を出た人は偉いというように理解されまして、なるほど大学を出た者は頭もよく才気もありますが、人間の本質的な修業をしていない秀才という人々が沢山卒業しまして、そういう人々が指導者となって、近代の組織を動かしましたからその支配制度は、諸事にわたってまことにスマートで器用でありますが、人間として最も大切なことをとり残しております。これは日本の深刻な教育の失敗であります。

従って今後の日本は、何とかして昔から厳しく言われました人間としての心がけ、躾のできた人間をつくってその根底の上に知識・技能を磨く教育制度にしなければならないと思います。

世界情勢を観察いたしますと、大体ヨーロッパ諸国はロシヤを観察し警戒しておれば宜《よろ》しい。レーニン時代は別として、スターリンから四代目の支配者を迎えたロシヤは、落ち着いて常識的になりました。またドイツをはじめその他のヨーロッパ諸国はロシヤを経験済みであって、これに対する心構えも躾もできております。

アメリカは太平洋と大西洋にはさまった国でありまして深刻な不安はありません。ところが我が日本の立地条件は極めてよくありません。鼻の先に共産諸国が並んでいて容易ではありません。従ってこれからはもっと優秀な指導者を養成しなければなりませんが、その基礎は何と申しましても国民教育つまり小学校教育であります。

こういう意味におきまして歴史的にも豊かな特性を持っている我が孔舎衙《くさか》小学校の如きは、これから益々模範的な教育をしていただいて、立派な国民指導者をつくってほしいものだと念願しております。

さてこの記念すべき百年の式典に、学校から碑を立てて将来に残したいので、その記念碑の文字を書けとの御用命でございました。

私はその任ではないと思いましたが、余りお断りすることもできませず、学校当局からご指示いただきました原案を見ますと、心美しく、望大きくとありました。考えてみますとこの心という字に無限の意味が含まれております。

　つまり如何なる心がけで、どのような望みを達成していくかということがその根本義でありますが、そこで承りました原案に私見を加えることを許していただきまして、後刻除幕式が行われる予定と承りますが、記念碑は心明く、望清くと刻まれております通り之《これ》を書かせていただきました。

　この明と清とは古来から日本民族の信仰の真髄であります。ご承知のように、我が国は*惟神《かんながら》の道を中心に仏教、儒教、キリスト教と色んなものが加わりまして日本文化をつくって参りましたが、本質的には惟神の道であります。そこでこの惟神の道の最も大切な点は、たしかに明と清であります。

　今日大問題となっております公害について考えてみましても、日本の自然の美を明く、清くとりもどすのだ、空を、水をという具合に一つ一つ取りあげてみましても如何に大切であり必要

惟神
日本古来から伝わった清浄な生き方で、近世国学者によって唱えられた。かんながら。

であるかが理解できます。そして最後には自分の環境から自分自身を明く、清くすることが一番大切であります。

このように考えまして、心明く、望清くとした次第であります。

この記念すべき日を期して、皆さんの家庭、皆さんの事業、皆さんの郷土、ひいてはこの日本を如何に明く、清くしていくかが根本でありまして、皆さんのご生活からして一段と明と清の徳を積んでいただくよう祈念致します。それでこそわれらの日本も大丈夫であります。

本講録は、東大阪市孔舎衙《くさか》小学校の創立百周年記念（昭和四十九年四月二十九日）の祝賀式典に卒業生として臨席された安岡先生の記念挨拶要旨です。

あとがき

『青年の大成』は父の著作としては珍しく小品であるが、一読まず感動を覚えるのは「一体人間とは何ぞや」という問題から始まり「人生いかに生くべきか」の命題を、ともすれば学者が論述するような概念論や抽象論ではなく、実に具体的に懇切丁寧に解明して、人として世に処する道を人間味豊かに諄諄《じゅんじゅん》と説いていることだ。

現代の世相は頽廃そのもの。政治・経済とも行き詰まり社会は混乱、狂気の沙汰ともいえる非人間的な事件が続発して止まるところを知らない。

父はこの著作の中で、青年達は次代を荷《にな》う貴重な存在、だからこそ恐るべき変化と不安に落ち込んでいるこの社会を覚醒させるための正義と真理を求めて、深い教養を身につけてほしい。そのためにはまず修練の上に立った実力が求められる。実力を高めるためには努力を重ねること。そこには当然自らを省み、苦しまねば実力はつかない。実力をつけるためにはどうすればよいか。その心構えについて、わかりやすく嚙みくだいて青年達を勇気づける言葉をおくっている。

文中「現代の人間と自己疎外」に「およそ現代は人間疎外・自己疎外の時代です。つまり人間をお留守にする、自分自身を棚上げにすることです。とかく、外へばかり心を馳せて、内を忘れてしまう。外物ばかり取り上げて、自分というものを省みない。人間をお留守にして、欲望の対象ばかり取り上げることです」と説き、さらに筆を進めて「学問・教育の反省」では「学問でもそうです。自分の内省、自己修練を捨てて、いたずらに知識や技術に走ったならば、すなわち自己疎外的教育・学問に身を任せておったら、だんだん人間はつまらなくなり、頭は悪くなります。……書物や雑誌が出すぎる。それを明けても、暮れても、雑然と読んでいたら、頭はだめになります」と警鐘を鳴らしている。

青年の大成とは、失われた自己を回復するために自分自身を省みることから始めないと、何時《いつ》までたっても小器小成の人にしかなれない。またアメリカの教育学者ウィリアム・ジェイムズの言葉「人間は青年時代に（いくつになっても同じだが）心のなかにはっきりした、正しい理想像、すなわち私淑する人物を持って、この理想像に向かって絶えず努力する、そこに到達するように努力するということが青年の運命を決する問題だ」と引用説明しているが、たしかに自分の心に理想の情熱を喚起するような人物、私淑する人物を持たない青年が増えているのが現実であろう。

ちょうど二年前、全く生前の父に接したことのない将来有為な若い人達から、東洋人間学を是非勉強したいという希望が寄せられ、有志による勉強会を始めた。最初にテキストとして取り上げたのが、父が青年は是の如くあれと願って書きおろした青年人間学ともいえるこの『青年の大成』であり、会名も「大成会」とした。私自身会社を退き、これまでの生活を顧みたとき、ただただ多忙を理由にして自己の内面を疎かにしてきた反省もあり、もう一度己を磨き直そう、そして人生の春である青年達にしっかりとした理想、志を持ってもらいたいという思いが高まったからでもある。

会員は当時中学生から成人まで約二十名、月一回の勉強会であったが、父の説く立志の自覚と実践の書に皆さん魅了され、まことに真摯《しんし》な輪読を重ね昨年読了した。その後会員も増え、現在は父の学問の原点、骨格ともいえる『東洋倫理概論』がちょうど致知出版社から『いかに生くべきか』と改題、訳読をほどこして出版されたのを機に同書を取り上げ研鑽《けんさん》を続けている。

『青年の大成』は若い人達に向けて書かれたものであるが、中年になっても学ぶべき有益の書でもある。

「人間歳はとってからでもいい、大器晩成、結構です。私もこれからますます勉強をしようと思っておりますが、できるならばなるべく早い間に、こういう念力を働かし、情熱を燃やして大成したいものです」

八十五歳の生涯を閉じるまで学び続け、自らを修め努力を重ねた父の人間学追究の姿勢がこの言葉に凝縮されている。

後段に収録されてある一篇は、父が卒業した大阪の孔舎衙《くさか》小学校創立百周年記念行事に招かれた際の講演記録である。記念碑に揮毫した「心明く、望清く」の本意が述べられているが、人間の本質的要素である徳性、とくにその徳性を早く子供の身につけさせることが将来の人間形成にいかに大切であるかを簡潔に表わした心に響く言葉であろう。

平成十四年五月

㈶郷学研修所・安岡正篤記念館
理事長　安岡正泰

昭和三十八年七月、日光の田母沢《たもざわ》会館で開催された全国青年研修大会において、安岡正篤先生は四日間にわたって講義をされた。それを採録、翌昭和三十九年二月に『青年は是の如く』と題して全国師友協会から刊行されたのが、本書の初出である。その後、昭和四十六年八月に『青年の大成』と改題し関西師友協会より刊行され、版を重ねた。さらに関西師友協会機関誌『関西師友』に平成十二年九月号から平成十四年三月号まで十八回にわたって連載された。本書はこの連載を基本テキストに若干の表記や改行の修正を加え、脚注を新たに施したものである。なお、この修正と脚注については、関西師友協会事務局の田中忠治、鈴木重夫両氏の多大のご協力をいただいた。

加えて、後段には『心明く、望清く』を収録した。これは昭和四十九年四月二十九日、ご自身が卒業された大阪の孔舎衙《くさか》小学校の創立百周年記念行事において安岡先生が行った記念講演の採録である。

（編集部）

著者略歴
安岡正篤（やすおか・まさひろ）
明治31年大阪市生まれ。大正11年東京帝国大学法学部政治学科卒業。昭和２年㈶金雞学院、６年日本農士学校を設立、東洋思想の研究と後進の育成に努める。戦後、24年師友会を設立、政財界のリーダーの啓発・教化に努め、その精神的支柱となる。その教えは人物学を中心として、今日なお日本の進むべき方向を示している。58年12月死去。
著書に『日本精神の研究』『いかに生くべきか――東洋倫理概論』『王道の研究――東洋政治哲学』『人生、道を求め徳を愛する生き方――日本精神通義』『経世瑣言』『安岡正篤人生信條』ほか。講義・講演録に『人物を修める』『易と人生哲学』『佐藤一斎「重職心得箇条」を読む』『活学講座――学問は人間を変える』『洗心講座――聖賢の教えに心を洗う』などがある（いずれも致知出版社刊）。

青年の大成
――青年は是の如く――

平成十四年六月　六　日第一刷発行
令和　元　年九月二十五日第七刷発行

著　者　安岡　正篤
発行者　藤尾　秀昭
発行所　致知出版社
〒150-0001東京都渋谷区神宮前四の二十四の九
TEL（〇三）三七九六―二一一一
印刷・製本　中央精版印刷
落丁・乱丁はお取替え致します。　（検印廃止）

ISBN978-4-88474-623-0 C0012
ホームページ http://www.chichi.co.jp
Eメール books@chichi.co.jp

人間学シリーズ

書名	著者	内容	定価
修身教授録	森信三 著	国民教育の師父・森信三先生が大阪天王寺師範学校の生徒たちに、生きるための原理原則を説いた講義録。	定価／税別 2,300円
家庭教育の心得21 母親のための人間学	森信三 著	森信三先生が教えるわが子の育て方、しつけの仕方。二十万もの家庭を変えた伝説の家庭教育論。	定価／税別 1,300円
人生論としての読書論	森信三 著	幻の「読書論」が復刻！人生における読書の意義から、傍線の引き方まで本を読む、全ての人必読の一冊。	定価／税別 1,600円
現代の覚者たち	森信三・他 著	体験を深めていく過程で哲学的叡智に達した、現代の覚者七人（森信三、平澤興、関牧翁、鈴木真一、三宅廉、坂村真民、松野幸吉）の生き方。	定価／税別 1,400円
坂村真民一日一言	坂村真民 著	一年三六六日の言葉としてまとめられた詩と文章の中に、それぞれの人生で口ずさみたくなるような言葉が溢れている。	定価／税別 1,430円
人物を創る人間学	伊與田覺 著	九十五歳、安岡正篤師の高弟が、心を弾ませ平易に説いた『大学』『小学』『論語』『易経』。中国古典はこの一冊からはじめる。	定価／税別 1,800円
日本人の気概	中條高德 著	今ある日本人の生き方を問い直す。幾多の試練を乗り越えてきた日本人の素晴らしさを伝える、感動の一冊！	定価／税別 1,400円
日本のこころの教育	境野勝悟 著	「日本のこころ」ってそういうことだったのか！熱弁二時間。高校生七百人が声ひとつ立てず聞き入った講演録。	定価／税別 1,200円
語り継ぎたい美しい日本人の物語	占部賢志 著	子供たちが目を輝かせる、「私たちの国にはこんなに素晴らしい人たちがいた」という史実。日本人の誇りを得られる一冊。	定価／税別 1,400円
安岡正篤 心に残る言葉	藤尾秀昭 著	安岡師の残された言葉を中心に、安岡教学の神髄に迫る一書。講演録のため読みやすく、安岡教学の手引書としておすすめです。	定価／税別 1,200円